Der Amerikaner Robert Bly ist Lyriker, Geschichtenerzähler, Übersetzer und Redner. Er hat für sein lyrisches Werk mehrere Preise erhalten, darunter auch den National Book Award. Robert Bly hat zwei Töchter und zwei Söhne; er lebt mit seiner Frau an einem See in Minnesota. Robert Bly ist Autor des Bestsellers »Eisenhans«.

Dieses Buch wurde auf chlor- und säurefreiem Papier gedruckt.

Deutsche Erstausgabe April 1993

Titel der Originalausgabe »A Little Book on the Human Shadow«

Originalverlag Harper San Francisco
Umschlaggestaltung Manfred Waller, Reinbek
Umschlagfoto G+J Fotoservice/A. Pasieka
Satz Franzis-Druck GmbH, München
Druck und Bindung Elsnerdruck, Berlin
Printed in Germany 5 4 3 2 1
ISBN 3-426-77036-9

ROBERT BLY

Die dunklen Seiten des menschlichen Wesens

Herausgegeben von William Booth

Aus dem Amerikanischen von
Johannes Gottwald

Knaur

Der amerikanische Originalverlag dankt für die Genehmigung zum Abdruck der folgenden Auszüge:

»Snowbanks North of the House« © 1975 by World Poetry, Inc. and »For My Son, Noah, Ten Years Old«, copyright © 1979 by Holy Cow! Press. From the book: *The Man in the Black Coat Turns* by Robert Bly. Reprinted by permission of Doubleday, a division of Bantam, Doubleday, Dell Publishing Group, Inc. »Where We Must Look for Help«, »Snowfall in the Afternoon«, »Poem in Three Parts«, and »Unrest«, from *Silence in the Snowy Fields* (Middletown, Conn.: Wesleyan University Press, 1962; London: Cape, 1967). Copyright © 1960, 1961, 1962 by Robert Bly, reprinted with his permission. »The Moon« first appeared in *Kayak 1*, Autumn, 1964. Copyright © 1968 by Robert Bly, reprinted with his permission. »Sitting in his dentist's waiting room« is copyright © 1988 by Robert Bly, used by his permission. The essay »Wallace Stevens and Dr. Jekyll« first appeared in *American Poets in 1976*, edited by William Heyen (Bobs-Merrill, 1976). »The Busy Man Speaks«, »Counting Small-Boned Bodies«, »Hatred of Men With Black Hair«, from *The Light Around the Body* (New York: Harper & Row, Publishers, Inc. 1967: London: Rapp & Whiting, 1968). Copyright © 1967 by Robert Bly. Used by permission of Harper & Row, Publishers, Inc. »Pilgrim Fish Heads« from *Sleepers Joining Hands* (New York, Harper & Row, Publishers, Inc., 1975). Copyright © 1975 by Robert Bly. Used by permission of Harper & Row, Publishers, Inc. Part 1—4 of this book first appeared in chapbook form in issue 19 of *Raccoon*, published by Raccoon Books, Inc.

Inhalt

Vorwort

Wenn Robert Bly aus seinen Werken liest, dann sagt uns seine Lyrik im Grunde nur eines: »Du mußt dein Leben ändern!« Es ist nicht nur Zeitverschwendung, große Dichtung zu lesen oder zu hören und sich zugleich gegen jede innere Veränderung zu sperren, es ist sogar gefährlich. Bly erinnert uns an die Warnung eines deutschen Mystikers: »Jakob Böhme bittet in der Vorbemerkung zu einem seiner Bücher den Leser, innezuhalten: Er solle das Buch nur dann lesen, wenn er bereit sei, durch das Lesen sein Leben zu ändern. Sonst, so Jakob Böhme, könne ihm das Buch schaden.«

Diesen Hinweis auf Böhmes seltsame Warnung finden wir in Blys brillantem Essay über den amerikanischen Lyriker Wallace Stevens, dem fünften Teil des vorliegenden Buches. In *Wallace Stevens und Dr. Jekyll* betont Bly die überragende sinnliche Intelligenz des Lyrikers, zeigt aber auch, wie katastrophal sich Stevens' mangelnde Bereitschaft, sein Leben zu ändern, auf seine späte Lyrik auswirkte. Der Schlüsselbegriff in Blys Interpretation heißt »Schatten«: Stevens habe den Schatten zwar in seine Dichtung geholt, ihn aber aus seinem Leben ausgeschlossen. Bly fällt ein eindeutiges Urteil über Stevens' Dichtung nach dessen Weigerung, »seinen Schatten auszuleben«: »Seine späte Lyrik ist so schwach, wie sie ein Genie nur schreiben kann.«

Der »Schatten« — das ist einer von C. G. Jungs hilfreichsten Begriffen für einen bestimmten Teil der menschlichen Psyche. Der Vorteil des Begriffs liegt darin, daß er uns eine eingängige visuelle Vorstellung vermittelt. »Der Schatten ist die ungelebte und unterdrückte Seite des Ich-Komplexes«, sagt die Jung-Schülerin Marie-Louise von Franz in ihrem Buch *Shadow and Evil in Fairytales* (dt. *Der Schatten und das Böse im Märchen*). »Aber auch das stimmt nur zum Teil«, fährt sie fort, um eine negative Konnotation dieses Bildes zu verhindern. Dazu erzählt sie eine Anekdote: Jung, wie immer unzufrieden mit seinen Schülern und

Nachfolgern, unterbrach eine allzu buchstabengetreue Diskussion über diesen Begriff mit dem Protest: »Das ist alles Unsinn! Der Schatten ist ganz einfach das gesamte Unbewußte.« Marie-Louise von Franz gibt folgende neutralere Definition: »So ist auf der ersten Stufe der Annäherung an das Unbewußte der Schatten ein ›mythologischer‹ Name für alles Psychische in mir, das ich nicht direkt wissen kann.« Robert Bly beschäftigte sich intensiv mit der Konzeption des menschlichen Schattens, seit er als junger Mann allein in New York lebte. Er hat wiederholt von jener düsteren Periode seines Lebens berichtet und dabei betont, daß ein deutliches Gefühl der Beziehung zu seinem Schatten eines der ersten Dinge war, über die er sich seelisch klarwurde. Damals wußte er: »Wenn ich jemals Hilfe erwarten kann, die mich aus dem Sumpf dieses Elends zieht, dann kommt sie von der dunklen Seite meiner Persönlichkeit.« So formulierte er es 1971 in seiner ersten Lesung, die den Schatten zum Thema hatte. Später nahm er dieses Thema in drei weiteren Lesungen wieder auf, in denen er auch andere Gedichte vortrug und den Begleitkommentar erweiterte.

In der vorliegenden Sammlung von Blys Untersuchungen zum Schatten finden wir mehr Lyrisches und Erzählendes als streng psychologische Wissenschaft. Bly schreitet von Bild zu Bild weiter, von Metaphorischem über Anekdotisches zur Interpretation von Märchen. Er bezeichnet den Schatten als einen »langen Sack, den wir hinter uns herziehen«, gefüllt mit den Aspekten unseres Selbst, die unsere Eltern und die Gesellschaft nicht angenommen haben. Dann wählt Bly ein zweites Bild: Der Schatten sei ein dünner grauer Filmstreifen, der meist still und gut verborgen in einer Filmdose ruht, uns aber jederzeit mit täuschend lebensechten Bildern lähmen kann, sobald wir ihn auf unsere Lebensleinwand oder das Gesicht unseres Ehepartners projizieren. Der jahrelang verdrängte Schatten von Dr. Jekyll gewinnt plötzlich Gestalt in Form des verwachsenen Mr. Hyde, eines in nächtlichen Gassen nur flüchtig wahrnehmbaren, affenähnlichen Geschöpfs. Im dritten Teil dieses Buchs geht Bly dann über solche Veranschaulichungen der Bedeutung des Schattens hinaus: Seine »Fünf Phasen im Verdrängen, Suchen und Zurückholen des Schattens« zeigen, wie wir unser Leben ändern können, indem wir die im Schatten gebundenen Energien befreien und die Hexe und den Riesen in uns zum Leben erwecken.

Die Idee, Robert Blys Schatten-Lesungen zu einem Buch zusammenzufassen, entwickelte sich in verschiedenen Gesprächen mit Roger Easson, der Blys Veröffentlichtungen und die Aufzeichnungen seiner Lesungen bibliographisch umfassend dokumentiert. Zunächst erschien es uns ganz einfach, die Tonbandaufzeichnungen der Lesungen zu transkribieren, ein paar Formulierungen redaktionell klarer zu fassen und so die Lesungen in Buchform zugänglich zu machen.

Als Bly die Texte las, die Easson und ich auf diese Weise produziert hatten, war er mit dem Ergebnis noch weniger zufrieden als wir selbst. Auf dem Weg vom gesprochenen zum geschriebenen Wort war zu viel verlorengegangen: die Stimme, die Betonung, die Gestik, der Kontakt mit dem Publikum — all das Unausgesprochene, das aber nicht weniger Bedeutung und Gefühl vermittelt. Damit ergab sich also die Notwendigkeit einer tiefgreifenden Bearbeitung.

Die ersten drei Teile des vorliegenden Bandes halten sich getreu an den Text der Lesungen, nähern sich aber durch Blys Umformulierungen mehr der konventionellen Form eines Aufsatzes an. Der erste Teil, »Probleme in der Arche«, beruht auf der Studioaufnahme für die

Serie *Zeitgenössische amerikanische Dichter lesen aus ihren Werken* (Cassette Curriculum, 1971). Teil zwei und drei stützen sich auf einen Vortrag im Rahmen der Konferenz *Das Antlitz des Feindes* (San Francisco, 30. Januar 1983). Teil vier ist ein Gespräch, das Bly und ich etwa ein Jahr später über den Schatten des Menschen führten. In Teil fünf nimmt Bly den Leser weniger sorgsam an der Hand, hier schreitet er ihm zügig ins Schattendunkel von Wallace Stevens' Lyrik voran; dieser Essay erschien erstmals in *American Poetry in 1976*, herausgegeben von William Heyen.

William Booth

TEIL 1

Probleme in der Arche

Stehen wir in der Sonne, so sehen wir, daß unser Körper hell beleuchtet ist, aber auch einen Schatten wirft. Je heller das Licht, desto dunkler der Schatten. Jeder von uns besitzt einen Teil seiner Persönlichkeit, der uns verborgen bleibt. Eltern und meist auch Lehrer leiten uns an, die helle Seite unserer Persönlichkeit zu stärken, uns in gutausgeleuchteten Fächern wie Mathematik und Geometrie zu bewähren und erfolgreich zu werden. Dabei verkümmert der dunkle Bereich allmählich. Und was machen wir dann? Wir senden eine Krähe aus.

Die Taube kehrt zurück, sie fand keinen Ruheplatz;
die ganze Nacht im Flug über das sturmgepeitschte Meer;

unter dem dunklen Dach
soll nun die Taube das Bett des Tigers teilen.
Gönne der Taube Ruhe!
Die zwiegeschwänzte Schwalbe fliegt vom Fensterbrett im Dämmern,
am Abend sollen blau die Schwalben wiederkehren.
Am dritten Tag aber soll die Krähe fliegen,
die Krähe, Krähe, die spinnenfarbne Krähe,
die Krähe wird auf frisch gefundnem
Schlamme gehen.

Dieses Gedicht bezieht sich auf die bekannte Geschichte Noahs, aber meine Bilder stammen aus einer älteren, einer babylonischen Sintflut-Sage, und darin kommen *drei* Vögel vor. Das Gedicht entstand zwei oder drei Jahre nach meiner College-Zeit, und es drückt wohl aus, daß ich mir in meinem Elend nur von der dunklen Seite meiner Persönlichkeit Hilfe erhoffen konnte. Ich kann mich noch sehr deutlich daran erinnern — dies ist das erste, das ich mir selbständig klarmachte. Und ich fand, daß das auch für die Politik galt, daß wir als Nation nicht Menschen wie Adlai Stevenson brauchen konnten, der allzusehr einer Schwalbe ähnelte, oder Bertrand Russell, der ebenfalls zuviel Helligkeit in seiner Persönlichkeit hatte. Danach zeigte zwar Eugene McCarthy mehr von der dunklen Seite, aber auch er schien mir zu sehr Schwalbe zu sein und nicht imstande, den genannten Schlamm zu finden. So sind Vögel also für die Vereinigten Staaten zum Problem geworden: Wir wählen nur Schwalben zu unseren Präsidenten, allenfalls weiße Krähen, wie Nixon.

Ein paar Jahre später sah ich einmal, wie es auf hohes Gras schneite, und da fühlte ich das positive Dunkel wieder aufsteigen:

I

Das Gras ist schon halb mit Schnee bedeckt.
Es war ein Schneefall, der am späten Nachmittag einsetzt,
nun wird es dunkel in den kleinen Häusern des Grases.

II

Wenn ich mich einmal bückte, tief zur Erde griff,
könnte ich mir Hände voll mit Dunkelheit holen!
Der Dunkelheit, die immer da ist, nie bemerkt wird.

III

Nun schneit es dichter, die Maisstengel rücken
weiter weg,
und die Scheune kommt näher zum Haus.
Die Scheune wandert von allein im wachsenden Sturm.

IV

Die Scheune ist voll Korn, jetzt kommt sie auf
uns zu
wie ein Schiff, das der Sturm zu uns herüber
treibt;
mit den Matrosen auf Deck, schon viele Jahre
blind.

Manchmal fällt der erste Schnee bereits, wenn das Gras noch grün ist; und wenn es hoch steht, dann neigt es sich, und es entstehen kleine Häuser darunter. In der Scheune unserer Farm befand sich damals kein Vieh, aber sie war voller Mais, im Rahmen eines staatlichen Programms zur Bildung von Reserven versiegelt. Und obwohl es der Mais meines Vaters war, stellte er für uns eine Art geheimen Schatz dar. Das Bild »Hände voll mit Dunkelheit« macht dieses Gedicht noch nicht zu einer Schatten-Dichtung. Aber am Ende nähert es sich dem

Schatten: als der Autor mehr Dunkelheit bekommt, als er sich eigentlich gewünscht hatte.

In der chinesischen Kultur besitzt das alte Symbol des Yin und Yang tiefe Bedeutung. Es zeigt die helle und die dunkle Seite der Persönlichkeit in einem Kreis vereint. An einem Frühlingstag schrieb ich folgendes Gedicht:

I

Ja — am frühen Morgen glaube ich, ich lebe ewig!
Gehüllt in mein freudenvolles Fleisch
wie das Gras in Wolken aus Grün.

II

Ich springe aus dem Bett, aus Träumen
von langen Ritten zu Burgen, glühenden Kohlen,
da liegt die Sonne glücklich auf meinen Knien.
Ich habe die Nacht durchlitten, durchgestanden,
tief unter dunklem Wasser, wie ein Grashalm.

III

Die starken Blätter des Holunderbaums
tauchen in den Wind, rufen uns auf: zu versinken

in der Wildnis des Alls,
zu Füßen einer Pflanze zu ruhen
und ewig zu leben, wie Staub.

Vielleicht ist die Folgerung erlaubt, daß die alten chinesischen Dichter, und zwar nicht nur die Buddhisten, die dunkle und die helle Seite zu versöhnen suchten und ein tieferes Gefühl für Pflanzen und Tiere entwickelten, als es uns heute möglich ist. Pflanzen schlafen, sie leben also immer im Dunkel, auch wenn ihre Blätter sich ins Licht recken. Wir könnten also sagen, daß das Unkraut in unserem Hinterhof genauso das Helle und Dunkle in sich vereinigt wie die Fensterrose der Kathedrale von Chartres. Und dabei ist es viel billiger, bei dem Unkraut zu sitzen, als nach Frankreich zu fliegen.

Der Vielbeschäftigte spricht

Der Mutter der Einsamkeit will ich mich nicht
ergeben,
weder der Mutter der Liebe noch der Mutter
des Gesprächs,
weder der Mutter der Kunst noch der Mutter
der Tränen noch der Mutter des Ozeans;

nicht der Mutter der Schmerzen noch der Mutter
der Betrübnis, der Mutter der Todesqual;
weder der Mutter der Nacht voller Grillengesang
noch der Mutter des freien Felds, noch der Mutter von Jesus Christus.

Aber dem Vater der Rechtschaffenheit will ich mich ergeben, dem Vater
der Fröhlichkeit und dem Vater der Felsen,
dem Vater der vollkommenen Geste;
Von der Chase National Bank
sank eine Feuerzunge auf mich nieder, die zieht mich
in die Wüste, an die Orte der Dürre, die Landschaft des Nichts;
Und so ergebe ich mich dem Vater der Rechtschaffenheit,
den Steinen der Fröhlichkeit, dem Stahl des Geldes und dem Vater der Felsen.

In unserer Zivilisation lernen wir von frühester Jugend an, Dunkel und Hell als Gegensätze zu begreifen, die ich jetzt *Mutter* und *Vater* nennen möchte. Manche Menschen bewundern die rechts-denkende, ausgeleuchtete Seite der Persönlichkeit, und diese Gruppe kann man mit dem Vater verbinden, wenn man will; andere tendieren zur links-denkenden, im Dunkeln liegenden Seite; diese Gruppe kann man der Mutter zuordnen, wenn man will, mythologisch ausgedrückt der Großen Mutter. Die meisten Künstler, Dichter und Musiker gehören der zweiten Gruppe an und lieben die Intuition, die Musik, das Weibliche, Eulen und den Ozean. Die rechts-denkende Gruppe liebt die Tat, den Handel, das Imperium. Wahrscheinlich haben Sie bemerkt, daß meine Begriffe klar aufgeteilt sind, so daß meine Beschreibung der Welt eine Polarisierung fördert. Ich hatte einmal das Bedürfnis nach einem Gedicht, das diese Trennung verdeutlicht. Das Ich dieses Gedichts mußte natürlich ein außergewöhnlich bewußter Vater-Typ sein, aber das Gedicht zeigt uns mehr: Daß sich manche Menschen bewußt vom Dunkel distanzieren wollen. Ich lese nun ein Gedicht über ein Dorf der Pilgerväter in Massachusetts.

Ein Dorf der Pilgerväter; der Regen fällt
schwer.
Fischköpfe liegen lächelnd am Hauseck.
Drinnen hängen Worte wie »Samson« von den
Dachsparren.

Draußen gackern die Hühner in hölzernen
Hütten,
doch sie stehen auf dem Boden Calvins.
Die Frauen gehen durch die dunkle Küche,
ihre schweren
Röcke ziehen sie hinab wie Ertrinkende.
Oben stehen die Betten wie Gewitterwolken,
auf nackten Dielen,
die Decken bleiben feucht am rauhen Holz.
Und dann die Eier! Seltsame, weiße, vollkommene Eier!
Eier, die nicht einmal der Regen bewegen
könnte,
weiß und schmerzlos, nur im Alptraum mit
Schwanz.
Und dann der Indianer, naß, nach Moschus
riechend,
bittet um ein Bett für die Nacht,
der Mattapoiset, im Bund mit der Fäulnis im
Holz,
verschworen mit dem Salamander,
in geheimem Vertrag mit den kalten Fischköpfen.
Der Indianer wird weiterleben in regennassen
Stümpfen,
er ist der Feind, der Ausgestoßene,
vor ihm müssen wir unser Volk bewahren,
sein dunkles Haar verbirgt uns vor der Sonne.

Man kann wohl mit Recht sagen: Für die meisten Puritaner war das Dunkel identisch mit dem Teufel. Sie fürchteten sich vor den dunkelhäutigen Indianern, betrachteten wahrscheinlich den Truthahn mit seinen schwarzen Federn mit Argwohn und fühlten sich in den düsteren Kiefernwäldern von Massachusetts nicht wohl. Den Frauen empfahlen sie Strümpfe, Hauben, Gehorsam und Schweigen. Der Haß auf die Yin-Seite des Kreises erscheint zunächst nur als dünner Faden im Gewebe des frühen amerikanischen Lebens. Der Haß auf das Yin gab Neuengland zunächst eine ungebändigte Energie; aber dreihundert Jahre Haß höhlt die Menschen aus, erschöpft sie und läßt einen Teil des Geistes absterben.

Im Warteraum des Zahnarztes will ihm
scheinen: Das Leben ist gelaufen.
Und einmal, er ist gerade
fünfundvierzig, sinkt der Tennenboden vor ihm weg.
Nun sitzt er im Lehnstuhl, unter großen Bäumen,
und die Frau sammelt Reisig in den Wäldern.

Manche amerikanische Männer geraten nach fünfundvierzig Jahren in einen verzauberten,

mythischen Lebensbereich. In vielen primitiven Kulturen bleiben die Männer dagegen bis in ihre Siebziger oder Achtziger geistig lebendig, was man auch an vielen buddhistischen Priestern beobachten kann. Amerikaner überfällt dann häufig eine Art Sprachlosigkeit. Dieser tote Raum in älteren amerikanischen Männern hat vielleicht etwas mit dem Vietnamkrieg zu tun, speziell mit der Weise, wie die älteren Männer diesen Krieg führten: abgestumpft und tot.
Das beste Beispiel für diesen Tod der Gefühle war das sogenannte *counting of the bodies*, der Zählappell der getöteten Vietnamesen nach der Schlacht:

Zählen wir die Toten noch einmal!

Wenn wir die Toten nur kleiner machen
  könnten,
vielleicht so groß wie Totenköpfe,
dann könnten wir
die ganze Ebene weiß decken mit Totenköpfen
  im Mondlicht!

Wenn wir die Toten nur kleiner machen
  könnten,
dann würden wir

die Erlegten eines ganzen Jahres auf einen Schreibtisch bringen.

Wenn wir die Toten nur kleiner machen könnten,
dann würden wir
einen Toten in einen Ring fassen — als Andenken, auf immer.

Wenn also das amerikanische Drama damit begann, daß die Puritaner Truthähne schlachteten, so stellen die Bombenteppiche Kissingers und Nixons auf Kambodscha den dritten Akt dar.
Die Südostasiaten vertreten hier eine dem feuchten Dunkel viel intensiver verbundene Kultur und vermengen sich in den tieferen Schichten des amerikanischen Unterbewußtseins mit den Geistern von Irokesen und Crow-Indianern. Im Vietnamkrieg bekamen wir Tag für Tag diese brutalisierenden Zählappelle zu hören; ich hatte damals das Gefühl, und dazu stehe ich noch heute, daß die alptraumhafte Atmosphäre dieses Kriegs aus der Wiederholung ganz anderer, längst vergessener Massaker herrührt, so wie Sisyphos immer und immer wieder einen Felsen den Berg hinaufrollen muß.

Ich höre Stimmen, die Tschombe preisen und die Portugiesen
in Angola — ja! diese Männer zogen Little Crow die Haut ab!
Und wir sind ihre Söhne, alle! und verstecken uns
im Hinterzimmer, verkaufen Nägel mit zittern-der Hand.

Wir trauen keinem Menschen auf Erden mit schwarzem Haar,
wir schicken eine Mannschaft, Häuptling Josephs Macht zu brechen,
wir bilden Eingeborene aus, einen Präsidenten mit dem Blasrohr zu töten,
unsere Leute lockern die Nägel von Noahs Arche.

Die Männer im State Department schweben in der schweren Gallerte am Meeresboden
wie erschöpfte Krebse, verwirrte Tintenfische,
sie schicken Strahlen schwarzen Lichts über die offene See.
Jeder bekämpft sein Brudergefühl für die gro-ßen Herrn der Erde.

Wir haben violette Strahlen, die uns nachts den Dschungel erhellen,

die freundliche Bevölkerung zeigen; wir lehren
die Kinder des Rituals und Regenwalds,
die Sehnsucht nach dem Leben zu besiegen;
wir senden
Funken aus schwarzem Licht, wie aus den
Augenhöhlen der Generale.

Tief unter dem Beton, unter dem Fundament
des Pentagon,
da liegt ein Tropfen Indianerblut im Schnee;
von einer alten Blutspur, die einmal vom Pali-
sadenzaun
wegführte, über den Schnee. Verloren ist die
Spur.

Der in der zweiten Zeile erwähnte Sioux-Häuptling »Kleine Krähe« führte im amerikanischen Bürgerkrieg einen Aufstand an, der schnell niedergeschlagen wurde. Ein paar Jahre später sah ein weißer Farmer den Indianer zufällig beim Blaubeerpflücken und schoß ihn nieder. Als er den Leichnam in die Stadt brachte, identifizierte ihn ein ehemaliger Soldat anhand der Skunkfell-Binden an den Handgelenken. Daraufhin köpften die Farmer den Toten und zogen ihm die Haut ab, die noch geraume Zeit von der Historischen Gesellschaft von Minnesota aufbewahrt wurde. Die-

ses Detail erinnert fatal an das in Vietnam beliebte Ohrenabschneiden.
So kann die private, innere Entscheidung, unsere dunkle Seite zu unterdrücken — und diesen Kampf empfiehlt der Puritanismus ausdrücklich —, das »Bewußte« und »Unbewußte« in Gegenpositionen drängen; und diese Gegenpositionen lassen sich leicht auf die Außenpolitik übertragen und können dort wichtige Entscheidungen beeinflussen. Dann kommt die Krähe nicht.
In unserer Arche trennen wir die guten Tiere von den bösen — und die Krähe kommt nicht. Alle männlichen Stachelschweine und Faultiere auf die rechte Seite, die weiblichen Stachelschweine und Faultiere auf die linke — die Krähe kommt nicht. Die beiden Hälften, Yin und Yang, bleiben getrennt. Wir verbieten den Reihern ihre Tänze und verlangen von den Mäusen in ihren überfüllten Quartieren, daß sämtliche Mauskinder der Schulpflicht genügen; aber die Krähe kommt noch immer nicht. Wie können wir die Krähe dazu bringen, zurückzukehren? Dies ist das Thema dieses kleinen Buches. Die hier beschriebene Trennung zwischen Dunkel und Hell ist vielleicht allzu strikt, doch soll dies unser Ausgangspunkt sein.

[illegible]

[illegible] linke Seite [illegible]

[illegible]

In unseren Nachbarländern [illegible]

[illegible]

TEIL 2

Wir schleppen einen langen Sack hinter uns her

Nach einer alten gnostischen Überlieferung erfinden wir nichts Neues — wir erinnern uns nur. Nach meiner Kenntnis erinnern sich von allen Europäern am besten an die dunklen Seiten des menschlichen Wesens die Dichter Robert Louis Stevenson und Joseph Conrad und der Tiefenpsychologe C. G. Jung. Ich möchte einige ihrer Ideen darstellen und ein paar eigene Gedanken hinzufügen.

Beginnen wir mit dem persönlichen Schatten. Bis zum Alter von ein oder zwei Jahren besitzen wir eine Persönlichkeit, die man sich als rund, als dreihundertsechzig Grad umfassend, vorstellen kann. Jeder Teil unseres Körpers und jeder Teil unserer Psyche glüht nur so vor Energie. Ein rennendes Kind ist eine lebendige Kugel aus Energie. Wir alle waren einmal so eine Kugel aus geballter Energie, bis wir allmählich merkten, daß unsere Eltern bestimmte Teile der Kugel nicht so schätzten. Sie sagten zum Beispiel: »Kannst du nicht mal ruhig sein?« oder: »Das ist aber gar nicht nett, daß du dein Brüderchen umbringen willst!«

Nun tragen wir alle einen Sack auf dem Rükken, und wenn die Eltern bestimmte Aspekte von uns nicht schätzen, stecken wir sie einfach in den Sack, um uns die Liebe der Eltern zu bewahren. Bis wir in die Schule kommen, ist der Sack schon groß und voll. Dann sagen unsere Lehrer: »Brave Kinder werden aber wegen so einer Kleinigkeit nicht so jähzornig!« Also nehmen wir auch unseren Zorn und stekken ihn in den Sack. Als mein Bruder und ich in Madison, Minnesota, zwölf Jahre alt waren, kannte man uns nur als »die netten Bly-Jungen«. Da waren unsere Säcke schon fast eine Meile lang.

Auf der höheren Schule stopfen wir fleißig weiter in den Sack. Jetzt kommt der Druck nicht mehr von den bösen Erwachsenen, sondern von den Gleichaltrigen. Der in diesen Jahren normale Argwohn gegenüber der Elterngeneration ist vielleicht fehlgerichtet. Ich log mich durch meine ganze Gymnasialzeit, um soweit wie möglich den Basketball-

Stars der Schule zu ähneln. Jeder Teil von mir, der ein bißchen langsam war, ging gleich in den Sack. Meine Söhne erleben zur Zeit dasselbe; davor beobachtete ich es bei meinen etwas älteren Töchtern. Ich bemerkte mit Entsetzen, wieviel sie in den Sack steckten, aber meine Frau und ich waren absolut machtlos dagegen. Oft trafen die Mädchen Entscheidungen nur nach Maßstab der jeweils geltenden Mode oder der in ihrer Gruppe gültigen Schönheitsvorstellung, und auf diese Weise schadeten ihnen die Schulkameradinnen ebenso wie später die Männer.

Ich möchte also behaupten, daß aus jener kindlichen Energiekugel nach zwanzig Jahren eine Scheibe wird. Stellen wir uns einen jungen Mann vor, der eine solche dünne Scheibe darstellt (der Rest steckt ja im Sack), und stellen wir uns weiterhin vor, daß er eine junge Frau kennenlernt; vielleicht sind sie beide vierundzwanzig Jahre alt. Auch sie ist nur noch eine dünne, elegante Scheibe. Sie vereinigen sich in einer Zeremonie, und diese Vereinigung von zwei Scheiben heißt Ehe. Aber sogar zusammen werden die beiden nicht zu einer runden Person! Wenn die Säcke groß sind, führt die Ehe genau aus diesem Grund in die Einsamkeit, bereits in den Flitterwochen.

Natürlich gestehen sie das nie ein. »Wie geht's Ihnen denn in den Flitterwochen?« — »Herrlich! Und Ihnen?«
Jede Kultur steckt andere Dinge in ihren Sack. Im Christentum gehört meistens die Sexualität dazu. Damit geben wir automatisch viel Spontaneität auf. Marie-Louise von Franz warnt uns aber davor, primitive Kulturen zu idealisieren: Wir dürfen nicht annehmen, daß sie keinen Sack hätten — sie haben nur einen anderen, manchmal sogar einen viel größeren Sack. Vielleicht stecken sie die Individualität hinein, oder die Erfindungsgabe. Was Anthropologen »Mystik der Gemeinschaft« oder »das Geheimnis des Gemeinschaftsgeistes« nennen, klingt sehr verlockend; es kann aber auch heißen, daß alle Stammesangehörigen genau das gleiche wissen, und keiner mehr. Vielleicht ist aber auch der Sack für alle Menschen dieser Erde ungefähr gleich groß.
Bis wir etwa zwanzig Jahre alt sind, besteht unser Leben weitgehend darin, zu entscheiden, was wir in den Sack stecken wollen; den Rest unseres Lebens versuchen wir es dann wieder herauszuholen. Manchmal erscheint es völlig unmöglich, die Dinge wiederzuerlangen; es ist, als wäre der Sack zu fest verschnürt. Nehmen wir einmal an, das ist wirklich so —

was dann? Eine berühmte Erzählung des 19. Jahrhunderts will das andeuten. Eines Nachts weckte der schottische Dichter Robert Louis Stevenson (1850—1894) seine Frau und erzählte ihr Teile eines Traums, den er soeben gehabt hatte. Sie riet ihm, den Traum aufzuschreiben, und daraus wurde die Erzählung *Dr. Jekyll und Mr. Hyde*. In unserer idealistischen Kultur wird die nette Seite unserer Persönlichkeit immer netter. So wird zum Beispiel ein Europäer oder Amerikaner ein gütiger und aufopfernder Arzt, der nur an das Wohl anderer Menschen denkt. Moralisch und ethisch ist er bewunderswert. Aber der Inhalt des Sacks verkörpert sich hier in einer eigenen Person, er läßt sich nämlich nicht einfach wegleugnen. Und die Erzählung beschreibt, wie die im Sack verschnürten Inhalte eines Tages *an einer anderen Stelle der Stadt* auftauchen. Dieses neue Wesen aus den Inhalten des Sacks empfindet eine wilde Wut, und auf einmal erkennt man: Es hat die Gestalt eines Affen, und es bewegt sich wie ein Affe.
Die Erzählung sagt uns also, daß sich alles, was wir in den Sack stecken, regressiv entwickelt. Und daß die Regression in die Barbarei führt. Nehmen wir an, ein junger Mann verschnürt seinen Sack mit zwanzig Jahren und macht ihn

erst fünfzehn oder zwanzig Jahre später wieder auf. Es ist traurig: Die Sexualität, die Wildheit, die Impulsivität, der Zorn, die Wut und die Freiheit im Sack haben sich alle regressiv entwickelt, sie sind jetzt nicht nur primitiv geworden, sondern auch dem Menschen, der den Sack öffnet, feindlich gesinnt. Der Mann oder die Frau, die erst mit fünfundvierzig Jahren ihren Sack öffnen, erschrecken zu Recht. Und wenn sie ihren Blick wieder erheben, sehen sie den Schatten eines Affen an der Wand. Natürlich jagt einem das Angst und Schrecken ein.

Man kann wohl mit Recht behaupten, daß in unserer Kultur die meisten Männer ihre weibliche Seite oder die Frau in sich in den Sack stecken. Wenn der Mann um die vierzig Jahre anfängt, wieder in Kontakt mit seiner weiblichen Seite zu treten, ist sie ihm vielleicht bereits völlig feindselig gesonnen. Inzwischen dürfte der Mann auch in seinem Leben einiges Feindselige von Frauen erlebt haben. Die Regel scheint immer zu sein: Die Außenwelt muß der Innenwelt entsprechen. So ist es auf dieser Erde. Wenn eine Frau aufgrund ihrer Weiblichkeit akzeptiert werden möchte und den Mann in sich in den Sack steckt, wird sie nach zwanzig Jahren feststellen, daß der Mann eine negative Einstellung zu ihr hat, daß seine Kritik gefühllos, ja brutal wird. Jetzt steckt sie wirklich in der Klemme. Wenn sie mit einem Mann zusammenlebt, der ihr feindlich gesonnen ist, kann sie ihm die Schuld daran geben; das erleichtert ihr den unmittelbaren Druck und die Verantwortung, löst aber das Problem des verschnürten Sacks nicht. Während der ganzen Zeit aber leidet sie unter einer doppelten Ablehnung: seitens des Mannes in ihr und des Mannes neben ihr. Das schafft natürlich einen nicht unerheblichen Leidensdruck.

Jeder Teil unserer Persönlichkeit, den wir nicht lieben, wendet sich gegen uns. Man kann sogar sagen: Er wird sich an einem anderen Ort verkörpern und sich gegen uns wenden. Viele Qualen von Shakespeares Königen erwachsen genau aus diesem Grund. Hotspur revoltiert in Wales gegen den König. Shakespeares Dichtung beweist ein wunderbares Gespür für die Gefahren, die in diesen inneren Revolten lauern. Und immer gerät der König im Mittelpunkt in Gefahr.

Als ich vor ein paar Jahren in Bali war, wurde mir klar, daß die alte Hindu-Kultur der Balinesen mit Hilfe der Mythologie Schattenmaterial ans Tageslicht holt. In den Tempeln kann man fast jeden Tag Schauspiele aus dem *Ramajana* sehen. Ich sah mir einige schreckenerregende Dramen an, die als Teil des religiösen Lebens, als eine Art Alltagsritual, aufgeführt werden. Fast jeder Balinese hat vor seiner Haustür eine wilde, zähnefletschende, aggressive und bösartige Figur aus Stein stehen. Dieses Wesen will uns gewiß nichts Gutes tun. Ich besuchte einen Bildhauer und beobachtete, wie sein neun- oder zehnjähriger Sohn draußen vor dem Haus saß und mit Hammer und Meißel an einer bösartigen, wutschnaubenden Figur arbeitete. Der Balinese strebt nicht danach, seine aggressiven Kräfte auszuleben, wie wir bei unserem amerikanischen Football oder die Spanier beim Stierkampf, sondern er versucht sie nach oben zu holen und in Kunst umzusetzen — das ist zumindest das Ideal. Auch die Balinesen können im Krieg sehr grausam sein, aber im täglichen Leben gibt es viel weniger Gewalt als bei uns. Was kann das bedeuten? In unseren Südstaaten stellen wir nützliche kleine Gartenzwerge auf den Rasen, in den Nordstaaten sind es harmlose Rehlein. Wir lieben Rosen auf der Tapete, einen Renoir über dem Sofa und John Denver auf dem Plattenspieler. Und auf einmal bricht die Aggression aus dem Sack und attackiert uns alle.

Dieser Vergleich zwischen der amerikanischen und der balinesischen Kultur soll für den Augenblick genügen; lassen Sie mich nun über die Ähnlichkeit zwischen den Schatten-Kräften und einem Filmprojektor sprechen. Nehmen wir an, wir hätten bestimmte Bereiche unserer Persönlichkeit reduziert, flachgepreßt und weggepackt, in eine Filmdose zum Beispiel, wo es schön dunkel ist. Aber dann, in der Nacht — es geschieht natürlich immer in der Nacht —, tauchen die Gestalten wieder auf, sie sind riesig, und wir können die Augen nicht von ihnen wenden. Wir fahren nachts aufs Land hinaus und sehen einen Mann und eine Frau auf einer ungeheuren Projektionsleinwand, größer als in einem Autokino, und dann schließen wir die Zentralverriegelung und schauen zu. Gestalten, die wir in unsere Dose eingerollt haben, doppelt unsichtbar, weil sie nur teilweise »entwickelt« sind und immer im Dunkeln gehalten werden, sind tagsüber nur blasse Schemen auf einem dünnen grauen Filmstreifen. Aber wenn ein bestimmtes Licht in unserem Hinterkopf angeht, erscheinen sie auf der Wand vor uns als geisterhafte Figuren, zünden sich eine Zigarette an, bedrohen andere Menschen mit dem Revolver ... In solchen Augenblicken ist unsere Seele ein lebendiger Filmprojektor: Nun können wir die in der Dose aufgerollten Bilder aus uns herausbringen und sie laufenlassen, mit anderen Menschen — und *auf* anderen Menschen. Da hat ein Mann seine Wut zwanzig Jahre lang in seiner Filmdose aufgerollt — vielleicht sieht er sie eines Nachts auf dem Gesicht seiner Frau. Eine Frau sieht jede Nacht einen Helden auf dem Gesicht ihres Mannes — und eines Nachts erkennt sie einen Tyrannen. Nora in Ibsens *Puppenheim* sieht diese beiden Bilder abwechselnd.

Vor kurzem fielen mir meine alten Tagebücher in die Hände, und ich fing an, darin zu blättern. Eines davon stammte aus dem Jahr 1956; damals hatte ich mich bemüht, das Wesen des Werbefachmanns tiefer zu erfassen. Daran erinnere ich mich noch gut, und daß mir damals Midas sehr wichtig erschien, jener König aus der griechischen Mythologie, bei dem alles zu Gold wurde, was er berührte. In meinem Gedicht beschrieb ich, daß in der Hand eines Werbefachmanns jedes lebende Wesen irgendwie zu Geld wird und daß Werbeleute deshalb so ausgehungerte Seelen haben. Ich hatte dabei immer Werbeleute aus meiner weiteren Bekanntschaft vor Augen und genoß es richtig, sie von meiner sicheren Position aus anzugreifen. Als ich diese Aufzeichnungen las, erschrak ich über den Film, den ich mir da vorführte. Seit jenen vergangenen Tagen habe ich gelernt, daß ich jahrelang so gegessen und in Wirklichkeit keine Nahrung zu mir genommen hatte. Ob mir ein Freund, eine Frau oder ein Kind etwas zu essen gab — es wurde mir immer zu Metall, wenn ich es in den Mund nahm. Habe ich das Bild klargemacht? Metall kann man natürlich weder essen noch trinken, und genau deshalb war mir Midas ein so wichtiges Bild geworden. Nur daß der Film mit meinem inneren Midas sicher in der Dose steckte.

Nachts aber erschienen auf meiner großen Leinwand dumme und böse Werbeleute, und das faszinierte mich natürlich. Ein oder zwei Jahre darauf arbeitete ich an einem Buch; unter dem Titel *Gedichte für J. P. Morgans Aufstieg und Himmelfahrt* stellte ich meinen Gedichten über Geld und Geschäfte jeweils eine besonders schlimme Werbung aus einer Zeitung oder Illustrierten gegenüber. Auf seine Art wäre das ein recht lebendiges Buch geworden, und daß ich keinen Verleger dafür fand, machte mir nicht viel aus. Es bestand im wesentlichen doch nur aus Projektion. Ich lese Ihnen jetzt ein Gedicht aus dieser Zeit vor; es hat den Titel *Die Unruhe:*

Eine seltsame Unruhe liegt über dem Land:
Dies ist der letzte Tanz, die Wellen Morgans schlagen hoch,
die Beute wird verteilt, und Mattigkeit
zieht in die Diamanten des Körpers.
Auf der höheren Schule fängt der Kampf an, das Kind wird stückweise abgetötet,
und wenn die Schlacht geschlagen ist, und Land und Meer zerstört,
erheben sich zwei Gestalten in uns und gehen weg.

Aber der Pavian kreischt noch an den Ufern des Todes —
er klettert und läßt sich fallen, wirft Nüsse und Steine,
tanzt um den Baum,
dessen Äste die Weiten der Kälte umfassen,
die wirbelnden Planeten und die schwarze Sonne,
die Rufe der Insekten und die winzigen Sklaven
in den Gefängnissen der Rinde.
Karl der Große — wir nähern uns deinen Inseln!

(Diese Strophe geriet mir reichlich pathetisch.)

Und wir kehren um: zu den verschneiten Bäumen,
zu den Tiefen der Dunkelheit begraben im Schnee, durch den du die ganze Nacht geritten bist,
mit steifen Händen; das Dunkel fällt ein,
in dem wir schlafen und wachen — das Dunkel, vor dem
Diebe erschaudern, in dem die Irren nach Schnee hungern,
in dem Bankiers träumen, unter schwarzen Steinen begraben zu liegen,
und Geschäftsleute auf die Knie fallen, in den Kerkern des Schlafs.

Vor etwa fünf Jahren wurde mir dieses Gedicht irgendwie verdächtig. Warum hatte ich eigentlich gerade Bankiers und Geschäftsleute so hervorgehoben? Und wenn ich *Bankier* durch ein anderes Wort ersetzen sollte — was käme da in Frage? Vielleicht »jemand, der sehr sorgfältig plant«. Ich selbst plane sehr sorgfältig. Und was könnte ich statt *Geschäftsmann* sagen? »Jemand mit steinernem Gesicht«. Ich werfe einen Blick in den Spiegel.

Nun lese ich Ihnen den Schluß dieses Gedichts in der neuen Fassung vor:

— ein Dunkel, vor dem
Diebe erschaudern, in dem die Irren nach Schnee hungern,
in dem die Planenden träumen, unter schwarzen Steinen begraben zu liegen,
und Männer mit steinernem Gesicht wie ich auf die Knie fallen, in den Kerkern des Schlafs.

Wenn ich heute auf einer Party einen Geschäftsmann kennenlerne, habe ich ein anderes Gefühl als früher. Ich frage zum Beispiel einen anderen Gast: »In welcher Branche sind Sie tätig?« Er antwortet: »Ich bin Börsenmakler«, und das klingt fast so, als müßte er sich dafür entschuldigen. Dann sage ich zu mir: »Sieh ihn dir gut an, was lange Jahre tief in dir vergraben lag — da steht es, direkt neben dir.« Und unvermittelt verspüre ich fast den Wunsch, den Börsenmakler in die Arme zu schließen. Aber natürlich nicht jeden.
Andererseits ist dieses Projizieren auch etwas sehr Gutes. Marie-Louise von Franz notiert irgendwo: »Warum setzen wir immer voraus, daß Projektion schlecht ist? ›Sie projizieren das ja nur‹ klingt im Munde eines Schülers von C. G. Jung immer wie ein Vorwurf. Manchmal

ist aber Projektion sehr hilfreich und genau das richtige.« Eine sehr kluge Bemerkung! Ich wußte irgendwie, daß ich mich zu Tode hungerte, aber dieses Wissen konnte nicht aus dem Sack direkt ins Bewußtsein gelangen. Dazu mußte es erst hinausgehen in die Welt. »Wie übel doch diese Werbeleute sind!« sagte ich mir. Marie-Louise von Franz gibt uns zu bedenken: Ohne Projektion können wir möglicherweise keinen Kontakt zur Welt herstellen. Frauen beklagen oft, daß Männer ihre eigene idealisierte weibliche Seite auf eine Frau projizieren. Aber wie sollte er denn sonst aus dem Haus seiner Mutter oder seinem Junggesellenzimmer hinausfinden? Das Problem ist doch weniger, daß wir überhaupt projizieren, sondern eher: Wie lange lassen wir denn unsere Projektionen draußen? Nur Projektion ohne persönlichen Kontakt ist gefährlich. Tausende, ja Millionen amerikanischer Männer projizierten ihre innere Frau auf Marilyn Monroe. Wenn das eine Million Männer macht und die Projektion dort läßt, muß diese Frau sterben. Und Marilyn ist gestorben. Projektionen ohne engen persönlichen Kontakt können auch den Menschen schaden, die die Projektionsempfänger sind.
Allerdings darf man nicht verschweigen, daß

Marilyn Monroe diese Projektionen wünschte, und zwar als Teil ihres Machtstrebens; diese Störung dürfte wohl auf traumatische Erlebnisse in ihrer Kindheit zurückzuführen sein. Aber der Prozeß des Hinausprojizierens und des Zurückholens, der in einer Eingeborenenkultur, in unmittelbarem Kontakt mit dem Gegenüber, so genau im Gleichgewicht bleibt, bricht natürlich schlagartig zusammen, sobald die Massenmedien ins Spiel kommen. In der Ökonomie des Seelischen war Marilyns Tod unausweichlich und sogar richtig. Kein einziger Mensch kann so viel Projiziertes — genauer also: so viel Unbewußtes — auf sich nehmen und damit leben. Deshalb ist es unendlich wichtig, daß jeder Mensch seine Projektionen zurückholt.

Aber warum geben wir denn überhaupt soviel von uns weg und stecken es in den Sack? Und warum bereits in der Jugend? Und wenn wir soviel von unserer Wut, unserer Spontaneität, unseren Bedürfnissen und unserer Begeisterung, unseren ungezogenen und weniger liebenswerten Elementen wegstecken — wie sollen wir dann leben? Was hält uns noch zusammen? Alice Miller äußert sich zu dieser Frage in ihrem Buch *Prisoners of Childhood* (dt. *Das*

Drama des begabten Kindes und die Suche nach dem wahren Selbst).
Dieses Drama stellt sich so dar: Als Kinder kommen wir noch mit dem Glanz des Göttlichen aus den Weiten des Universums auf die Welt, bringen Bedürfnisse mit, die wir völlig intakt von Säugetierahnen geerbt haben, eine Spontaneität, die wir wohlbehalten aus 150 000 Jahren Leben auf den Bäumen übernahmen, die Aggressionen von unseren fünftausend Jahren als Stammesmitglieder — kurz gesagt, mit unserer rundum strahlenden Energiekugel —, und wir schenken uns so unseren Eltern. Und die lehnen dankend ab. Sie hatten sich nämlich ein liebes Töchterchen und einen netten Sohn gewünscht. Soweit der erste Akt des Dramas. Das heißt nicht, daß es sich hier um böse Eltern handelt. Sie benötigen uns für etwas Bestimmtes. Meine Mutter brauchte als Immigrantin der zweiten Generation meinen Bruder und mich, um der Familie einen höheren Status zu geben. Und wir brauchen unsere Kinder wiederum für etwas anderes. So ist das Leben auf unserem Planeten nun mal. Unsere Eltern lehnten uns schon ab, bevor wir sprechen konnten, und deshalb lebt der Schmerz über diese Ablehnung wahrscheinlich in einer vorsprachlichen Schicht unserer Seele.

Als ich dieses Buch las, war ich drei Wochen lang deprimiert. Was bleibt uns bei dieser gewaltigen Enttäuschung eigentlich noch zu tun? Wir können uns eine Persönlichkeit schneidern, die unsere Eltern freudiger akzeptieren. Nach Alice Miller haben wir uns alle auf diese Weise selbst verraten, aber sie sagt auch: »Machen Sie sich keine Vorwürfe deswegen. Sie hatten ja keine andere Wahl.« Kinder, die sich ihren Eltern widersetzen, wurden in Urzeiten wahrscheinlich einfach ausgesetzt und gingen zugrunde. Unter diesen Umständen haben wir uns als Kinder für das einzig Vernünftige entschieden. Der angemessene Umgang mit dieser Tatsache, sagt Alice Miller, ist die Trauer.

Vielleicht sollten wir noch über die verschiedenen Arten des Sacks sprechen. Wenn wir allerhand in unseren privaten Sack gesteckt haben, verspüren wir als Resultat oft eine Verminderung unserer Energie; je größer der Sack, desto geringer auch unsere Energie. Manche Menschen bekommen von Mutter Natur mehr Energie mit als andere, aber wir haben alle viel mehr erhalten, als wir jemals nutzen können. Wo ist sie eigentlich hingeraten? Wenn wir als Kind unsere Sexualität in den

Sack gesteckt haben, geben wir damit natürlich viel Energie auf. Wenn eine Frau ihre Männlichkeit in den Sack steckt oder sie aufrollt und in die Filmdose befördert, verliert sie Energie. Wir können uns also vorstellen: Unser Sack enthält Energie, die uns aktuell nicht zur Verfügung steht. Wenn wir uns für nicht kreativ halten, bedeutet das nur, daß wir unsere Kreativität in den Sack gesteckt haben. Was soll das eigentlich heißen: »Ich bin nicht kreativ«, oder »Das überlasse ich einem Fachmann«? Sagen Sie das nicht auch manchmal? Natürlich sagen Sie das! Und lassen sich einen Lyriker, einen bezahlten Fachmann, aus der Stadt kommen ... Jeder von Ihnen in diesem Saal sollte selbst seine Gedichte schreiben!

Wir haben bisher nur von unserem persönlichen Sack gesprochen, doch haben wohl auch Städte oder andere Gemeinschaften so einen Sack. Ich lebte jahrelang in der Nähe einer Kleinstadt auf dem Land in Minnesota. Dort hatte jeder Bürger dasselbe in den Sack zu stecken; in einer vergleichbaren griechischen Kleinstadt wären das natürlich ganz andere Dinge. Es scheint so, als stecke die Stadt aufgrund einer kollektiven inneren Entscheidung gewisse Energien in den Sack und hindere jeden ihrer Einwohner, sie herauszuholen. Auf diese Art greift die Stadt in unser privates Leben ein, insofern ist es also viel gefährlicher, in einer Stadt zu leben als allein auf dem Land. Andererseits kann ein bestimmter intensiver Haß, wie man ihn nur in der Kleinstadt erlebt, deutlicher zeigen, wohin sich die Projektionen gerichtet haben. Auch die Jünger von C. G. Jung haben einen Sack, genau wie eine Kleinstadt, und schreiben uns vor, unsere Vulgarität und Geldgier im Sack zu verstauen; und die Freud-Gemeinde verlangt gewöhnlich, daß ein Freudianer sein religiöses Empfinden im Sack hält. Natürlich haben auch Völker ihren Sack, und unser amerikanischer ist ganz schön groß. Die Sowjetunion und Rotchina haben Fehler gemacht, aber wenn ein Amerikaner wissen möchte, was zur Zeit im nationalen Sack steckt, braucht er nur genau hinzuhören, was ein Sprecher des State Department an den Sowjets kritisiert. Reagan drückt es so aus: Wir Amerikaner sind edel, die anderen sind Imperialisten. Andere Völker leiden unter der Führungsschwäche ihrer Regierung, behandeln ihre Minderheiten miserabel, bieten ihrer Jugend Gehirnwäsche statt Bildung an, brechen Verträge. Ein Russe kann einen Blick in seinen Sack werfen, indem er einen Prawda-Artikel über die Vereinigten Staaten liest. Wir sind von einem Netz von Schatten umgeben, einem verschlungenen Schattenmuster, das von beiden Seiten projiziert wird und sich irgendwo in der Mitte in der Luft trifft. Ich sage mit solchen Metaphern nichts Neues, mir kommt es aber auf die klare Unterscheidung zwischen dem persönlichen, dem kommunalen und dem nationalen Schatten an.

Ich habe bisher drei Metaphern gebraucht: den Sack, die Filmdose und die Projektion. Da der Sack und die Filmdose geschlossen sind und der Inhalt im Dunkeln bleibt, können wir ihn nur kennenlernen, indem wir ihn (nach unserer Ansicht ganz arglos) auf die Welt um uns projizieren. Sofort werden Spinnen bösartig, Schlangen hinterlistig, Ziegenböcke geil, Männer geradlinig, Frauen schwach, Russen skrupellos, und die Chinesen sind nicht voneinander zu unterscheiden.

Und dennoch landen wir genau durch diese mühselige und erschöpfende, schädliche und ungenaue Schlammschlacht zu guter Letzt auf jenem Schlamm, den die Krähe unter den Füßen hatte.

TEIL 3

Fünf Phasen im Verdrängen, Suchen und Zurückholen des Schattens

Wenn man »projiziert«, verschenkt man im Grunde eine Energie oder Kraft, die im Grunde in den eigenen Schatz gehört. Ein Mann kann seine »Gefühlsseite« oder seine »emotionale Beziehung« an seine Frau abtreten. Dann ist er das Gefühl los, und wenn ein emotionales Problem mit den Kindern auftaucht, läßt er natürlich seine Frau das Problem lösen.

Was für Eigenschaften oder Kräfte kann ein Mann sonst noch auf seine Frau projizieren? Er kann seine animalische Sexualität auf sie projizieren, dann kommt sie sich vielleicht moralisch minderwertig vor; oder er gibt ihr seinen Intellekt, woraufhin sie sich unangemessen erhöht vorkommt; er kann ihr aber auch die Energie seiner Schwäche überlassen oder seine Verrücktheit. Manche Männer projizieren die Tüchtigkeit im Alltagsleben auf ihre Frau. Und viele Männer schenken ihrer Frau, oder mehreren Frauen, ihre eigene innere Hexe.

Was kann eine Frau auf ihren Mann projizieren? Zum Beispiel ihren Helden, woraufhin er sich übertrieben edel und verantwortungsvoll vorkommt; oder ihren Saturn, so daß sie unernst und launenhaft bleiben darf und er immer strenger und starrer wird; vielleicht tritt sie ihm ihren Tyrannen ab oder ihren Intellekt; vielleicht projiziert sie auch ihren Haß auf jegliche Beziehung auf ihn, woraufhin er sich immer kälter und beziehungsärmer fühlt; und viele Frauen geben ihrem Mann, oder mehreren Männern, ihren eigenen inneren Riesen.

Wie man Kraft verschenkt, das wissen wir alle recht gut; heute möchte ich aber mit Ihnen besprechen, wie man diese verschenkten Kräfte zurückgewinnt. Wir wollen die Erfahrungen eines Mannes mitverfolgen, der seine innere Hexe losgeworden ist, und diejenigen einer Frau, die ihren Riesen oder Tyrannen weggegeben hat. Der Vorgang des Abgebens und Wiedergewinnens projizierter Kräfte ist aber im Grunde immer der gleiche, ob wir sie nun auf Menschen anderen Geschlechts, auf

Kinder, Eltern, Lehrer, Rassen oder Völker projizieren.
Ich möchte im folgenden eine Reihe von fünf Phasen darstellen. In der ersten hat die Seele die unerwünschte Kraft ausgesandt und erfolgreich projiziert. Wenn das unerwünschte Talent sicher abgeschoben ist, bleibt nur ein dünner, grauer, schäbiger Rest übrig, den man bei Tageslicht kaum wahrnimmt.
Eine Junge beginnt schon bald, vielleicht mit zwei oder drei Monaten, seine innere Hexe zu projizieren, normalerweise auf seine Mutter. Manche Beobachter behaupten: Wenn ein Baby zum erstenmal erlebt, daß ihm die Mutter die Brust verweigert oder etwas anderes versagt, sieht es — in seiner ungeheuren Wut — buchstäblich Reißzähne aus dem Mund der Mutter ragen und Totenschädel um ihren Hals baumeln. Kinder sind deshalb so dankbar, wenn ihnen ein Erwachsener Hexengeschichten vorliest, weil ihnen das Märchen beweist, daß sie nicht wahnsinnig sind. Jedes Kind, ob Junge oder Mädchen, muß mit dem Geheimnis leben, daß seine Mutter, die alle für so liebevoll und hilfsbereit halten, manchmal eine Hexenfratze hat, und das Kind weiß auch, daß es noch klein ist und dieser Tatsache völlig hilflos gegenübersteht.

Manche Männer lassen ihre Hexe für den Rest des Lebens bei der Mutter, aber die meisten übertragen sie auf ihre Frau. Da stehen Braut und Bräutigam also vor dem Altar und tauschen die Ringe, und währenddessen geht im Keller ein anderer Austausch vor sich. Im Rahmen einer Parallelzeremonie übergibt die Mutter die Hexe des Sohnes an die junge Ehefrau. Eine Stunde später ist die Hexe fest in der Braut verankert, aber das zeigt sich erst nach einem Weilchen, weil weder Braut noch Bräutigam noch Mutter etwas von der zweiten Zeremonie ahnen. Nach ein paar Sticheleien, einem kleinen Eigensinn und dem ersten Streit ums liebe Geld fällt dem jungen Mann allerdings auf, daß in seiner Frau etwas Hexenartiges steckt, das er bislang nicht bemerkt hatte. Und auch sie merkt manchmal, daß etwas Bizarres mit ihr vorgeht: In einer Auseinandersetzung kommt sie sich auf einmal viel geldgieriger vor, oder hexenhafter. Eine Frau sagte einmal zu mir: »Mr. Bly, vor der Hochzeit war ich eigentlich ganz nett. Jetzt bin ich kaum drei Jahre verheiratet und werde mit jedem Tag gemeiner. Das verstehe ich einfach nicht.« Ich lachte: »Sie haben eben Zuwachs bekommen.« In dieser Zeit war ihr Mann immer freundlicher und verträglicher geworden, und das brachte die Frau noch mehr in Wut und betonte die Hexe in ihr noch mehr. Denn jetzt schleppt sie die Hexe — also impulsive Reizbarkeit, krassen Egoismus, Unfairneß, unerklärliche Feindseligkeit und versteckte Aggressivität — von zwei Personen mit sich herum. Und er fühlt sich gelassen und ruhig dabei und beobachtet ihre Veränderung mit bedauerndem Kopfschütteln.

Bei der Hochzeitszeremonie läuft aber die gleiche Zeremonie auch zwischen dem Bräutigam und dem Brautvater ab. Ihre Geister treffen sich vielleicht in der Garage — körperlich sind sie natürlich in der Kirche —, und da lädt der Brautvater nun dem Bräutigam soviel wie möglich vom Riesen oder Tyrannen auf, den er für seine Tochter getragen hat. Der Brautvater verläßt die Kirche leichter, der Bräutigam schwerer. Aber der Bräutigam erhält noch manch andere Projektion vom Schwiegervater: Vielleicht muß er jetzt auch den intellektuellen Führer übernehmen, den inneren Blaubart, oder einen weiblich-grausamen Zug. Und die Braut empfängt nicht nur die Kindheits-Hexe des Mannes von der Schwiegermutter, sondern vielleicht auch seine Hilflosigkeit, seine Unwahrhaftigkeit und seine Bereitschaft, zu wüten wie die Göttin Kali.

Als erste Phase der Projektion wollen wir den Vorgang bezeichnen, bei dem Schattenmaterial von geübten Verschwörern aus der Psyche ausgelagert wird und aller Voraussicht nach auch draußen bleibt. Die jungen Eheleute verharren oft jahrelang auf dieser Stufe. Solide Gegenstände, zum Beispiel das Hochzeitssilber, halten sich eben gut.
Aber früher oder später fängt eine der beiden Projektionen an, zu wackeln oder zu »klappern«, wie Marie-Louise von Franz es ausdrückt. Irgend etwas paßt nicht mehr genau, und auf einmal hören wir ein Geräusch. Dieses Klappern wollen wir als zweite Phase bezeichnen. Die junge Frau ist manchmal hexenartig, manchmal aber nicht, und der Mann kann sie noch so argwöhnisch beobachten: Sie ist dann wirklich liebevoll und überhaupt nicht hexenartig. Das macht ihn wieder unsicher. Vielleicht kommt er daraufhin einmal — unbewußt natürlich — ohne Vorwarnung zu spät zum Abendessen, oder er vergißt den Hochzeitstag oder ihren Geburtstag. Hoffentlich nimmt sie so eine Unverschämtheit persönlich, dann paßt die Maske wieder.
Es klingt bedrohlich, wenn die Projektion zum erstenmal klappert. Stellen wir uns eine Frau vor, die ihrem Mann den Riesen fest überge-

stülpt hat und das als schmerzhafte Erleichterung empfindet — wenigstens ist sie selbst ihn losgeworden. Aber wenn ihr Mann eines Tages nicht mehr der Patriarch ist? Was dann? Dann gibt es Ärger. Vielleicht überzieht sie einmal — unbewußt natürlich — das Konto, verliert eine Rechnung, verbeult einen Kotflügel, fühlt sich unterdrückt, benimmt sich wie ein Schulmädchen. Oder sie geht zu einem Feministinnentreff und läßt sich wieder auf Linie bringen. Hoffentlich erklärt ihr dort jemand, daß genau diese Nettigkeiten der Männer das hinterhältigste Mittel der Unterdrückung sind. Wenn sie danach nach Hause kommt, sitzt die Maske des Patriarchen wieder wie angegossen.

Archibald Cox berichtete einmal von einer Diskussion über die amerikanischen Beziehungen zur Sowjetunion mit einer extrem reaktionären Gruppe in Orange County, Kalifornien. Die Teilnehmer waren fest davon überzeugt, daß die Russen jeden Vertrag brechen, und erwarteten von ihm als ehemaligem Mitarbeiter der CIA, er werde sie in dieser Ansicht bestärken. Als er ihnen Punkt für Punkt zahlreiche Verträge aufzählte, die die Sowjets peinlich genau erfüllten, waren sie so entsetzt, als hätte er ihnen erzählt, die sowjetische Invasion sei für nächsten Monat vorgesehen.

In den letzten zwei Jahrzehnten haben viele junge Amerikaner und Amerikanerinnen ihren geistigen Führer auf einen asiatischen Guru projiziert; auch diese Projektion hält eine gewisse Zeit und fängt dann an zu klappern. Vielleicht erfährt ein Jünger, daß der Guru mit jungen Mädchen schläft oder sich Rolls-Royces im Dutzend kauft. Ein Aschram von Jüngern kann viele Jahre in der Qual dieses zweiten Stadiums leben.

Wie wirkt sich die zweite Phase bei unseren Projektionen auf die Kinder aus? Vor kurzem veröffentlichte Alice Miller eine Geschichte der Erziehung im Deutschland des 19. Jahrhunderts, *For Your Own Good* (deutsch *Am Anfang war Erziehung*). Sie zeigt, daß um 1850 das Wort *Eigensinn* einen besonders schlechten Klang hatte. Manche Erziehungsbücher der Zeit sprachen von Eigensinn, als wäre er negativ, ja potentiell böse. So hieß es etwa, »Wird das Kind zwei oder zweieinhalb Jahre alt, so wird sein Eigensinn immer stärker. Dann sind Sie als Vater und Mutter gefordert. Wenn Sie diese Probe nicht bestehen, wird das Kind als Verbrecher oder Alkoholiker enden.« So dachten nicht alle Kinderpsychologen dieser Zeit, aber immerhin so viele, daß es das Leben von Millionen von Kindern betraf. Eine wirksame Methode, so hieß es weiter, solchen Eigensinn zu kurieren, bestehe darin, das Strafmaß von der Übertretung unabhängig zu halten. Wenn das Kind seine Milch verschüttet, so sprechen Sie drei Tage nicht mehr mit ihm. (Bekanntlich behauptet Ashley Montague, aggressive Instinkte gehörten zum genetischen Erbe des Menschen, Gewalt hingegen werde erlernt, und zwar in der Familie.)

Im 19. Jahrhundert hielten deutsche Pädagogen Eigensinn für eine Art Bosheit. Diese Bosheit hatten sie selbst natürlich vorher in ihren Sack gesteckt, gemeinsam mit der Schwäche, mit dem Bedürfnis, zu weinen, der Sehnsucht, sich ausgelassen zu freuen. Offenbar projizieren Erwachsene auf Kinder so etwas wie *böse Schwäche*. Wir sind wohl im tiefsten Inneren der Ansicht, unsere kindliche Schwäche und Fügsamkeit seien böse gewesen, wir hätten stärker sein sollen. In Salem, Massachusetts (Sie erinnern sich sicher an Arthur Millers *Hexenjagd?*), galten Kinder als böse. Es ist wichtig, die beiden Begriffe »böse« und »schwach« zusammenzuhalten. Wir sind also der Ansicht, unsere kindliche Schwäche sei eine böse Schwäche gewesen.

Und was dann? Wir werden zornig auf unsere eigenen Kinder, vor allem auf die Kinder desselben Geschlechts. Meine ältesten Kinder waren Töchter, und ich meine, ich bin nicht oft zornig auf sie geworden. Aber jeder Vater und jede Mutter kennt die Situation, daß ein Zorn aus uns herausbricht, der durch das konkrete Verhalten des Kindes nicht gerechtfertigt wird. Kennen Sie die Situation? Vielleicht hat das Kind eine Aufgabe nicht erledigt oder ein Glas zerbrochen — und der Erwachsene gerät außer sich vor Ärger. Was ist die Reaktion des Kindes? Es fürchtet sich. Ich habe diese Furcht in den Augen meiner Kinder gesehen, und das war schlichtweg entsetzlich.

Wenn wir unsere Kinder als schwach, als böseschwach empfinden, sind wir wieder etwas aus unserem Sack losgeworden. Was für eine Erleichterung: Jetzt sind wir stark! Aber wenn ich hin und wieder einmal zugeben muß, daß die Kinder eigentlich gar nicht böse sind, dann bekomme ich ein Problem: Weil ich mich nämlich in der zweiten Phase befinde und die Schattensubstanz zurückzukommen droht. Dann kann es gefährlich werden. Vielleicht entscheiden wir uns lieber für Gewalt, als sie wieder anzunehmen.

Als zweite Phase möchte ich den Zustand

bezeichnen, in dem etwas wackelt, in dem ein quälender Widerspruch auftritt. Eine Ehefrau trägt die Hexe ihres Mannes, aber sie sieht nicht wie eine Hexe aus und verhält sich auch nicht entsprechend; der Mann trägt den negativen Patriarchen, aber er sieht nicht wie ein Tyrann aus und verhält sich auch nicht entsprechend. Rotchina kann ehrenhaft handeln, ein extremer Rechter Mitgefühl zeigen, ein Linker Disziplin beweisen. So etwas stört. Auf dieser Stufe wird man leicht nervös, und dann kann allerhand passieren. Da wird bereits ein wenig Eigensinn, Vitalität, Inkonsequenz und Spontaneität bedrohlich.
Als dritte Phase bezeichne ich den Zustand, in dem der gequälte Mensch sein moralisches Denken zu Hilfe ruft, um das Klappern abzustellen. Diese Erkenntnis ist geradezu erschreckend, denn einerseits brauchen wir unser moralisches Denken, andererseits dient es hier dazu, bestimmte Dinge im Unbewußten zu halten. Menschen mit moralischem Denken können gefährlich werden. Sobald eine Maske rutscht, stehen sie bereit, diese nach ihren Vorstellungen wieder zurechtzurücken. Walt Whitman Rostow erwies sich im Vietnamkrieg als gutes Beispiel, ähnlich die Brüder Alsop. Lyndon Johnson definierte die Asiaten als

niedrigstehend und gemein, die Amerikaner als nobel. Als die Flächenbombardements aus großer Höhe, der Einsatz von Napalm gegen Zivilisten und die Politik der Dorfzerstörung in dieser Hinsicht Zweifel aufkommen ließen, verglich sich Johnson zum ersten Mal mit Lincoln, und Rostow betonte unser zutiefst moralisches Wesen, die Pflichten einer friedenstiftenden Nation und so weiter. Bei Kindesmißhandlungen gilt die Regel: Jede Grausamkeit der Eltern, ob bewußt oder unbewußt zugefügt, wird als Akt der Liebe umgedeutet. Das moralische Denken definiert selbst die gröbsten Mißhandlungen als Liebe.
Aber auch die Gegner des Vietnamkriegs befanden sich auf der dritten Stufe. Als sich herausstellte, daß nicht alle Polizisten Bullen oder Schweine waren, Ho Chi Minh nicht gerade Albert Schweitzer ähnelte und Hubert Humphrey doch noch Ehre im Leib hatte, obwohl er Vizepräsident blieb, da sprang die Moral in die Bresche, ließ Humphrey durchfallen — und wählte statt dessen Nixon. Linke Demonstranten schrien Slogans, die die Vereinigten Staaten in faschistische Zusammenhänge brachten (»America is spelled with a k!«). Die Linke hat einen großen Sack und kann sich auf ein respektables moralisches Denken

stützen, um ihre Projektionen intakt zu halten, mit enormem Schaden für beide Seiten. Die Maske wird zurechtgerückt, aus den besten Gründen — es ist ja immer nur gut gemeint. Auch ich habe manches Mal zugehört, wie jemand Polizisten Schweine nannte, und habe kein Wort gesagt.

Betrachten wir nun, was wir alles auf Kinder projizieren. Wenn ein Kind seine böse Schwäche zeigt und wir zugleich merken, daß unser Zorn über jede angemessene Reaktion weit hinausgeht, was dann? Dann habe ich nicht selten eine innere Stimme sagen hören: »Eigentlich war das gar nicht falsch. Schließlich muß ich dem Kind ja Gehorsam und Disziplin beibringen, sonst bleibt es faul und drückt sich vor seinen Aufgaben.«

Und wenn sich die Jünger in einem Aschram über die Lebensweise ihres Gurus Sorgen machen, werden sie schnell mit Rechtfertigungen bei der Hand sein. Sie holen sich Hilfe von den Ressourcen des moralischen Denkens. Dann erklären sie uns, daß es sich dabei um eine »provokative Weisheit« handelt, die unser »westliches Ego« in Frage stellen will.

Lassen Sie uns kurz die bisherigen Phasen zusammenfassen. Zuerst ist der Mann seine Hexe, die Frau ihren Riesen losgeworden, und das ist ein gutes Gefühl. Viele Eigenschaften können so projiziert werden: Nora gibt ihren Helden an Torvald, er gibt ihr seine Kindlichkeit. Dann quietscht die Maschine ein wenig: Nora merkt, daß Torvald manchmal ein Held ist und manchmal nicht. Nun inszeniert sie mit Hilfe ihres moralischen Denkens eine Krise, in der Torvald überzeugend beweisen soll, was für ein strahlender Held er ist. Das funktioniert aber nicht. Die verzweifelten Bemühungen der dritten Phase — die Maske des Helden zurechtrücken, in der Erinnerung nach Hexerei suchen, gemeinsam mit anderen Frauen gegen negative Patriarchen kämpfen — sind also immer nur kurzzeitig erfolgreich.

Was ist nun die vierte Phase? Nehmen wir an, daß wir in einem Augenblick der Ermüdung den Kampf aufgeben und daß dem Gegenüber die Maske herunterrutscht. In diesem Augenblick reißt der Blickkontakt ab, wir schauen statt dessen in uns selbst hinein und erkennen unsere Reduktion. Wir erkennen, wie reduziert und verarmt wir schon seit Jahren sind. Deshalb bezeichne ich dieses Gefühl der Reduktion als vierte Phase. Wenn ein Junge seine Hexe seiner Mutter gegeben hat, als Erwachsener seiner Frau oder Freundin, wird er sich eines Tages, vielleicht erst mit fünfunddreißig oder vierzig Jahren, weich und geschwächt vorkommen, weil seine Hexe nicht mehr in ihm ist. Man kann die innere Hexe zwar als Kraft definieren, die unsere weitere Entwicklung hemmen will, andererseits müssen wir anerkennen, daß sie eine sehr positive Kraft darstellt. Ihr Wert liegt darin, daß sie genau weiß, was sie will. »Du mußt diese Erbsen bis Sonnenuntergang aussortieren — wenn du nicht rechtzeitig fertig wirst, fresse ich dich auf!« Die Hexe sagt bestimmt nicht: »Wollen wir einmal das *I Ching* zu Rate ziehen, ob du diese Erbsen aussortieren sollst?«

Mir fällt in letzter Zeit auf, daß es in Amerika immer mehr umgängliche und »weiche« Männer gibt. Ich respektiere solche Männer, weil sie ihre weibliche Seite oft sehr mutig und individuell entwickeln. Viele Amerikaner haben das in einem Ausmaß geleistet, das sich Franzosen oder Deutsche kaum vorstellen können. Und dennoch ist an weichen Männern etwas falsch, und das liegt eben daran, daß ihnen die Hexe fehlt. Wenn man einen solchen Mann fragt, was er will, wird er antworten: »Ich weiß nicht so recht — was möchtest du denn?« oder »Ich mache mit den anderen mit« oder »Da muß ich erst meine Freundin fragen.«

Wenn eine Liebesbeziehung mit so einem Mann zerbricht, dann kommt die Entscheidung meist von der Frau. In einer Lama-Kommune berichtete man mir, daß dort jedes Ende einer ernsthaften Beziehung von der Frau herbeigeführt wurde. Der weiche Mann hat oft nicht einmal soviel Hexenhaftes, entschlossen »jetzt reicht's« zu sagen. Wenn die Hexe aber wieder in den Mann zurückkommt, bemerken wir eine neue Frische und Schärfe an ihm. Ein Mann, der seine Hexe hinausprojiziert hat, wirkt früher oder später reduziert, und es ist sehr wichtig, daß er das als schmerzlich empfindet, als Leid, und daß er dieses Leid behält. Vielleicht stellt er fest, daß seine herausragende Eigenschaft das Einfühlungsvermögen ist, das Mitgefühl, mit dem er das Leid anderer Menschen wahrnimmt, seine Anpassungsfähigkeit; vielleicht ist er sogar zu nichts anderem imstande; aber die Macht der Hexe, genau zu wissen, was sie will, die fehlt ihm.
Wir können uns nun ohne weiteres vorstellen, daß sich auch eine Frau verarmt fühlen muß, die ihren Helden an einen Mann abgegeben hat; aber auch die Projektion des negativen Patriarchen auf einen oder mehrere Männer ist um nichts besser. Wenn man etwas Negatives abgibt, gibt man auch etwas Positives ab.

Frauen, die den Patriarchen hergegeben haben, suchen im Alltag meist nach Konsenslösungen im Gespräch, in einer Runde von Gleichberechtigten, in dem keiner die Führung hat — so stellt man sich übrigens das ursprüngliche Matriarchat vor. Diese Konsenspolitik funktioniert sehr oft gut, vor allem im Umgang mit anderen Menschen im täglichen Leben, nicht aber im Bereich des Seelischen. Wenn eine Frau zwischen den Kräften ihrer Seele einen Konsens herzustellen sucht, gewinnt vielleicht ihr innerer Kritiker oder Blaubart die Überhand — und reißt die Frau in Stücke. Und auch in der männlichen Seele funktioniert die Konsenspolitik nicht gut, aus denselben Gründen.
Ist eine Frau also davon überzeugt, daß die Macht des Patriarchen das Urböse auf dieser Welt ist, und ihren Stolz dareinsetzt, keinen Anteil an solcher Macht zu besitzen, dann verurteilt sie sich vielleicht zur Vergewaltigung durch übermächtige seelische Kräfte. Genauso wie einem weichen Mann ohne innere Hexe die Kraft fehlt, eine äußere Beziehung abzubrechen, die zur Sklaverei geworden ist, und noch mehr die Beziehung zu den Teilen seiner Seele abzubrechen, die ihn in solche Sklaverei führen.

Wenn wir dreißig Teile unseres Ichs aufgegeben haben, fühlen wir uns auf dreißig verschiedene Arten verarmt. Normalerweise holen sich die Menschen ihren geistigen Führer vom Guru zurück, wenn sie sich genug reduziert fühlen. Das bedeutet nicht, daß es von vornherein falsch war, ihm den Führer anzuvertrauen, sondern nur, daß jeder Jünger auf die fortschreitende Reduktion genauso sensibel reagieren sollte wie auf die anfängliche Erhebung und Stärkung.

In dieser vierten Phase spielen die Umgebung, die Familie und die Freunde eine entscheidende Rolle. Das Gefühl der Verarmung führt zu seltsamen Situationen. Wenn wir einem Freund das Problem schildern, ist es wesentlich, daß er uns nicht darüberhinweg tröstet, etwa in dem Sinne: »Ich glaube eigentlich gar nicht, daß du etwas aufgegeben hast — du bist doch im Grunde nur ein gutmütiger Trottel.« Wenn eine Frau ihren Patriarchen und ein Mann seine Hexe zurückholt, kann das ihre Umgebung gewaltig stören. Unsere Freunde sind nämlich so an uns gewöhnt, wie wir ihnen immer begegneten.

Wie steht es bei unseren Kindern? Vielleicht haben sie sich allmählich daran gewöhnt, böse-schwach zu sein, oder wenigstens ehrgeizig-schwach, und zwingen uns damit in die Position moralischer Überlegenheit. Wenn wir uns im Verhältnis zu unseren Kindern geschwächt fühlen, dann meistens deshalb, weil wir ihnen unser Kind abgegeben haben, und sie uns nun, mit klarem kindlichem Instinkt, damit behrrschen. J. B. Yeats, der Vater des irischen Lyrikers William Butler Yeats, schrieb seinem Sohn nach zwei Jahren Aufenthalt in Amerika: »Bekanntlich ist Disziplin in jeder Familie unverzichtbar. In Europa disziplinieren sich die Kinder, damit sich die Eltern amüsieren; in Amerika disziplinieren sich die Eltern, damit sich die Kinder amüsieren.« Viele amerikanische Eltern empfinden ihre Reduktion gegenüber ihren Kindern nicht als Schwächung, sondern als neue, andere Art, die Elternrolle wahrzunehmen.

Es dürfte wohl klargeworden sein, wie reduziert sich Reagan vorkommen muß, nachdem er Unberechenbarkeit, Gerissenheit, geniales Spionieren, militärische Überlegenheit und übermenschliche Schlauheit auf die Russen projiziert hat — und auch, warum wir den Russen gestatten, in unserem Haus den Ton anzugeben und unsere Ausgaben zu bestimmen, genau wie unseren Kindern.

Aber wir leben nie vollständig in der vierten

Phase oder in der fünften oder in einer anderen Phase; wir leben immer in allen gleichzeitig, je nachdem, ob wir gerade die eine oder andere Eigenschaft oder Kraft in unterschiedlichem Ausmaß projizieren und aufgeben oder nach geändertem Plan zurückholen und wieder annehmen.

Es dürfte außerdem deutlich geworden sein, daß wir in der folgenden fünften Phase dieses langen Prozesses den Riesen oder den Helden, das böse Kind, die Hexe oder unseren rigiden Nationalcharakter suchen und zurückholen wollen; und diesen Vorgang des Wiederfindens könnte man »den Schatten essen« nennen.

Den Schatten essen — das ist ein sehr langsamer Vorgang. Er geschieht nicht einmal, sondern Hunderte von Malen. Churchill hat einmal gesagt: »Ich habe schon oft meine eigenen Worte und Versprechungen hinunterwürgen müssen, und ich habe dieses Gericht immer als sehr nahrhaft empfunden.«

Der Puritanismus und seine Überzeugung, ein Kind sei wirklich böse, verhinderte, daß die meisten Amerikaner des 17. Jahrhunderts diesen Teil ihres Schattens aßen — als Folge ist in der zeitgenössischen Literatur ein Defizit zu spüren. Die manische Jagd auf Hexen durch unwissende Mönche, die nicht mehr in mythologischen Kategorien zu denken wußten, verursachte unsägliches Leid und schreiende Ungerechtigkeit, verhinderte, daß die Hexenjäger ihre eigene Hexe aßen — und erklärt ein Defizit in der Kirche, das bis in unsere heutige Zeit reicht.

Wenn man älter wird, betrachtet man diese Phase mit einer gewissen Weisheit. Die Mutter ernährt, die Hexe ißt selbst. Also muß die Hexe zurückkommen, bevor der Mensch eine bedeutsame Portion seines Schattens essen kann. Wenn jemand zum Beispiel abgelehnte oder projizierte Macht zurückholt und ißt, tritt Saturn auf die Bühne, unsere Gefühle werden wilder und tiefer, und die Schwermut, immer ein Zeichen für Saturn und den wiedergefundenen Schatten, bringt Leid mit sich — und die damit verbundene Öffnung des Geistes. Wir spüren Grenzen, und diese Grenzen werden allmählich ein Teil von uns, ein natürliches Organ unseres Lebens.

Das folgende Gedicht trägt die Überschrift: *Schneewehen nördlich des Hauses.*

Diese großen Schneewehen, die plötzlich
 enden, zwei Meter vor dem Haus ...
Gedanken, die nur soweit führen.

Der Schüler verläßt die Schule und nimmt kein
Buch mehr zur Hand;
der Sohn kommt nicht mehr heim.
Die Mutter legt das Nudelholz hin und backt
kein Brot mehr.
Und die Frau sieht auf einer Party ihren Mann
an und hat die Liebe verloren.
Der Wein verliert die Kraft, der Geistliche
verläßt die Kirche.
Es will nicht näherkommen,
es weicht zurück da innen, die Hände greifen
nichts, sie sind in Sicherheit.
Der Vater trauert um den Sohn, will das Zimmer
mit dem Sarg nicht verlassen.
Er wendet sich ab von der Frau, nun schläft sie
allein.
Und das Meer steigt und fällt die ganze Nacht,
der Mond zieht über den einsamen Himmel,
allein —
Die Schuhspitze dreht sich
im Staub...
Und der Mann im schwarzen Mantel wendet
sich um und geht den Berg wieder hinab.
Niemand weiß, warum er kam, sich abwandte
und den Berg nicht erklomm.

Man kann etwas von der Stimmung der fünften Phase in diesem Gedicht erspüren, eine gewisse Schwermut. Ich habe vorher auch von meinem Zorn auf meine Söhne gesprochen, einem Zorn, der wahrscheinlich von meinem Großvater über meinen Vater auf mich übertragen wurde, und eines meiner Ziele als Vater war es, diesen Zorn nicht weiterzugeben, auch nicht unbewußt. Etwas von diesem Kampf zeigt sich in meinem Gedicht *An meinen Sohn Noah, zehn Jahre alt.*

Nächte und Tage kommen, Tag um Tag vergeht,
was alt ist, bleibt alt, und was jung ist, bleibt jung und wird alt.
Der Holzstoß wird nicht jünger, und die Scheite verlieren nicht ihr Dunkel.
Doch der alte Baum lebt weiter, die Scheune steht schon viele Jahre ohne Hilfe:
noch ist der Fürsprecher des Dunkels und der Nacht nicht verloren.

Das Pferd kommt näher, tänzelt auf einem Bein, dreht seinen Körper,
das Huhn schlägt seine Krallen in die Stange, seine Flügel werfen Junge, schlagen auf mich ein;
doch soll das Ursprüngliche nicht ausgeschlossen sein in Nacht und in Dunkel.

So kommt der freundliche Mann langsam
näher, verliert seinen Zorn, setzt sich zu
Tisch.

Stolz bin ich nur auf jene Tage, die in ungeteilter Zärtlichkeit vergehen,
wenn du dasitzt und malst, mit dem Hefter
Bücher bastelst mit deiner Botschaft an die
Welt,
und einen Mann ausmalst, dem Feuer aus dem
Haar flammt.
Oder wir sitzen am Tisch und schenken uns
sorgsam etwas Tee ein.
Und verbringen gemeinsam die Zeit, still und
beglückt.

Der Schluß des Gedichts deutet an, daß die Spontaneität in der Beziehung zu unseren Kindern wiederkommt, wenn wir in der Wehmut des Zurückholens leben. Um Ihnen die Stimmung der fünften Phase deutlicher zu machen, möchte ich zwei Anekdoten erzählen, eine kurze und eine längere.

Mullah Nasreddin ging eines Tages mit seinen Schülern spazieren. Da flog eine Ente über sie hinweg und schiß dem Geistlichen aufs Auge. »Mullah«, riefen die Schüler, »das ist ja entsetzlich! Wir müssen sofort Toilettenpapier holen.« »Macht euch keine Mühe«, sagte der Mullah, »die könnt ihr nicht mehr erwischen.«

Die zweite Geschichte verdanke ich George Docsi, dem Architekten und Autor des Buches *The Power of Limits*. Sie spielt in seiner Kindheit in Ungarn und lautet etwa so: »Als kleiner Junge fand ich das Abendessen am schönsten, ich liebte es, wenn wir bei Tisch saßen, die großen Teller vor uns, und das Mädchen die Suppe auftrug. Eines Abends kam ich in das Speisezimmer und erblickte ein Chaos. In Rußland hatte ein Pogrom stattgefunden, und viele Juden waren über die Grenze in unsere Stadt geflohen. Mein Großvater war zum Bahnhof gegangen und hatte Juden aufgenommen, die nicht wußten, wohin. Ich verstand nicht, was das alles bedeutete, ich sah nur alte Männer mit runden Käppchen und Frauen, die in einer Ecke des Zimmers ihre Babys versorgten. Da bekam ich einen Wutanfall und rief: ›Ich will mein Abendessen, ich will mein Abendessen!‹ Ein Dienstmädchen gab mir ein Stück Brot, das warf ich auf den Boden und schrie immer lauter: ›Ich will mein Abendessen!‹ In diesem Augenblick kam mein Großvater ins Zimmer und sah, was vorging. Er trat zu dem Brot, hob es auf, küßte es, und gab es mir. Und ich aß es auf.«

Normalerweise wird ein Vater in dieser Situation wütend (mir ist es jedenfalls mit meinen Kindern oft so gegangen), er schimpft das Kind und befiehlt ihm: »Heb es sofort auf! In Afrika verhungern Kinder!« oder etwas ähnlich Idiotisches. Diese Szene ersparte sich George Docsis Großvater, er hob eigenhändig das Brot auf, obwohl das Kind diese Geste in keiner Weise provozierte. Ich finde es besonders schön, daß er das Brot küßte, obwohl ich nicht einmal genau weiß, warum. Er macht jedenfalls weder dem Brot noch dem Kind einen Vorwurf, der Akt ist völlig spontan, entschieden, und voll wahrer Autorität und echtem Kummer. George Docsi hat mir später einmal gesagt: »Weißt du, ich meine manchmal, daß seitdem ein Stück von meinem Großvater in mir lebt.«
Wer seinen Schatten gegessen hat, strahlt Ruhe aus und empfindet eher Trauer als Zorn. Wenn die Menschen der Antike meinten, im Dunkel liege Erkenntnis, Nahrung und Wissen, dann besitzt ein Mensch, der etwas von seinem Schatten gegessen hat, mehr Energie und mehr Intelligenz.
Hier ist natürlich die Frage angebracht: »Und

wie macht man das, seinen Schatten essen und eine Projektion zurückholen? Wie setze ich das praktisch um?«

Im Alltag könnte man vielleicht seine Sinne schärfen, genauer fühlen, schmecken, riechen und hören, man könnte wilde Eingeborenenstämme besuchen, Musik spielen, erschrekkende Figürchen in Ton herstellen, eine Trommel schlagen, einen Monat allein verbringen, sich als freundlichen Verbrecher betrachten. Eine Frau könnte hin und wieder den Patriarchen spielen und ausprobieren, ob ihr das gefällt — aber natürlich nur im Spiel. Ein Mann könnte hin und wieder die Hexe herauslassen und ausprobieren, wie ihm das behagt, auch das natürlich nur spielerisch. Vielleicht lacht er hin und wieder ein Hexenlachen und erzählt ein Märchen, so wie die Frau vielleicht das Lachen eines Riesen probiert und ein Märchen erzählt.

Wenn ein Mann weiß, welcher Frau oder welchen Frauen er seine Hexe geschenkt hat, könnte er einfach zu dieser Frau hingehen, sie freundlich grüßen und sagen: »Ich möchte meine Hexe zurückbekommen. Bitte gib sie mir wieder.« Dann wird ein seltsames Lächeln auf ihrem Gesicht erscheinen, und sie wird ihm die Hexe zurückgeben — oder auch nicht.

Wenn der Mann die Hexe zurückbekommt, sollte er sich einen Augenblick entschuldigen, sich nach links zur Wand drehen und die Hexe essen. Eine Frau könnte zu ihrer Mutter gehen, die Mutter hält ja oft die Hexe der Tochter fest, denn damit behält sie Macht über sie. Oder eine Frau geht zu ihrem Vater und sagt: »Du hast meinen Riesen. Gib ihn mir zurück.« Oder sie geht zu einem alten Lehrer oder ihrem neuen oder geschiedenen Mann und sagt: »Du hast meinen negativen Patriarchen. Ich will ihn wiederhaben.« So eine Begegnung ist häufig auch noch nützlich, wenn der Mensch, der die Hexe oder den Riesen oder den Zwerg trägt, bereits tot ist.

Aber es gibt noch viele andere Methoden, den Schatten zu essen, die Projektion zurückzuholen, den Umfang des Sacks zu vermindern — und wir alle kennen Dutzende davon. Ich möchte als Beispiel den sorgsamen Gebrauch von Sprache anführen, und damit meine ich Sprache, die exakt ist und eine physische, sinnliche Basis hat. Bewußt mit Sprache umzugehen, scheint mir die fruchtbarste Methode, Schattensubstanz, die man über die Welt zerstreut hat, zurückzugewinnen. Energie, die wir abgegeben haben, verbleibt im Bereich der Psyche; und am Seil der Sprache kann man sie wieder in sich hereinholen. Sprache kann wie ein Netz sein, aber wir müssen das Netz aktiv benutzen, wir müssen es selbst auswerfen. Wenn wir unsere Hexe wiederhaben wollen, können wir zum Beispiel über sie schreiben; und wenn wir unseren geistigen Führer wiederhaben wollen, sollten wir lieber über ihn schreiben, als ihn passiv in einem anderen Menschen zu erleben. Die Sprache ist voller Schattensubstanz vieler unserer Vorfahren, wie große Dichter von Shakespeare bis Isaak Bashevis Singer beweisen. Und wenn die Sprache einmal nicht hilft, dann vielleicht Malerei oder Bildhauerei. Wenn wir die Hexe mit bewußter Absicht malen, finden wir bald heraus, in wessen Haus sie wohnt. Die fünfte Phase verlangt also Aktivität, Phantasie, Aufspüren, Verlangen. Wer sucht, der findet! Lassen Sie sich nicht einreden, Sie verhielten sich schuldhaft, wenn Sie kein Tagebuch führen oder keine Kunst produzieren — aber Sie können der ganzen Welt damit helfen. William Blake sagt: »Niemand kann Christ sein, ohne zugleich Künstler zu sein.« Damit meint er: Wer sein Leben nicht aktiv führt und Sprache, Musik, Bildhauerei, Malen und Zeichnen einsetzt, ist kein Mensch, sondern eine Made in christlichem Kleid. Er selbst konzentrierte seine Schattensubstanz in drei Künsten: Malerei, Musik und Dichtung. Er illustrierte seine Gedichte selbst und setzte sie in Musik um.

TEIL 4

Nimm deinen Schatten an!

Ein Interview mit William Booth

Booth: Als Schatten könnte man jenen Teil unseres Selbst bezeichnen, der uns verborgen ist. Was können Sie einem Menschen empfehlen, der nicht weiß, daß er einen Schatten hat und wo er nach ihm suchen soll?

Bly: Ich habe diese an mich gerichtete Frage einmal an einen erfahrenen Tiefenpsychologen der Schule C. G. Jungs weitergereicht. Ich formulierte es so: »Stellen wir uns eine fünfunddreißigjährige Frau in Minnesota vor, die von Psychologie keine Ahnung hat. Wie könnte diese Frau anfangen, ihren Schatten zu suchen?« Seine Antwort war kurz und einfach: »Wenn sie keinen Mentor findet, der ihr die Vorstellung des Schattens vermittelt, hat sie keine Chance.« — »Das ist eine sehr harte Antwort«, erwiderte ich. Daraufhin überlegte er noch einmal und sagte: »Vielleicht hat sie doch eine geringe Möglichkeit.« Dann führte er folgendes aus: Unsere Psyche gibt uns ständig Hinweise, wo sich unser Schatten befindet, indem sie uns bestimmte andere Menschen irrational ablehnen läßt. Vielleicht lebt eine andere Frau in der Stadt, die unsere Fünfunddreißigjährige als zu leichtlebig und sexuell aktiv empfindet und an die sie vielleicht auch öfter einmal denken muß. In diesem Fall sagt ihr die Psyche, daß wenigstens ein Teil ihres Schattens im Bereich der Sexualität liegt. Aber sie muß selbst genau feststellen, wen sie so ablehnt oder haßt, sie muß die eigene Aufmerksamkeit bemerken. Vielleicht lehnt sie die Vorsitzende des Elternbeirats vehement ab, und wenn man nach dem Grund fragt, sagt sie: Die Frau ist unfähig, eine Angeberin, nicht vertrauenswürdig, zu ehrgeizig oder ähnliches. In diesem Fall zeigt die Psyche vielleicht, daß ein Teil ihres Schattens im Bereich Macht liegt, daß sie ungenutzte und nicht akzeptierte Machtbedürfnisse in den Sack gesteckt hat. Sonst käme es ja nicht zu diesem intensiven emotionalen Bezug zu dem anderen Menschen. Wenn wir also die Richtung unserer Aufmerksamkeit feststellen, kön-

nen wir sehen, wohin unser Zorn geht, von wem wir gleichsam besessen sind.
Manchmal sind wir irgendwie fasziniert von Menschen, die wir im Grunde gar nicht kennen. Das ist doch seltsam. Bildlich könnte man es sich so vorstellen: Solange wir dem anderen Menschen Auge in Auge gegenüberstehen, können wir ihm durch unseren Haß und unsere Ablehnung schaden. Wenn wir diesen Blickkontakt kurz aufgeben und schnell nach rechts unten schauen, sehen wir unseren Schatten. Haß kann also sehr nützlich sein. Es gibt ein altes Sprichwort: Wer Gott liebt, kann in zwanzig Jahren ein Heiliger werden, wer Gott haßt, schafft es vielleicht in zwei Jahren.
Manchmal hilft es auch, wenn man sich klar darüber wird, welche Literatur man liebt oder ablehnt. Ich lehnte bestimmte Dichter des 18. Jahrhunderts, Alexander Pope oder Dr. Johnson, vehement ab als Klassizisten, knochentrockene Rationalisten, Feinde des Gefühls, pedantische Taktzähler, Gegner jeglicher Spontaneität und so weiter.
Eines Tages unterbrach ich meine Tirade und schaute nach rechts unten, und siehe da: Ich hatte seit Jahren eine unterdrückte und ungenutzte klassische Seite, und nun mußte ich

das eigene Image revidieren, ich sei Gefühlen gegenüber so offen. Vielleicht bin ich im Grunde gar kein Romantiker. Und diese Einsicht hatte zwei Konsequenzen: Erstens konnte ich meine Ablehnung Dr. Johnsons so nicht mehr aufrechterhalten, seinen Essay über Milton zum Beispiel finde ich heute großartig. Und zweitens mußte ich feststellen, daß mich manche Menschen geradezu als Inbegriff dessen sehen, was ich an Dr. Johnson so ablehnte — und wer will sagen, daß sie unrecht haben?

Booth: Wir spüren also bei anderen Menschen besonders sensibel jene Eigenschaften heraus, die wir in uns selbst unterdrücken?

Bly: So ist es. Das Besondere am Schatten ist ja gerade das, was wir verdrängen. Ich selbst zum Beispiel möchte mich immer als netten Menschen sehen: verantwortungsvoll, anständig, an den anderen denken usw. Dafür strenge ich mich besonders an. Mir ist ja auch immer eingeschärft worden, ich solle nett sein. Soviel ich weiß, hat man das den alten Kelten in der Zeit Cuchulains nicht beigebracht. Damals hieß es: Du sollst wagemutig und tapfer sein, du darfst nie wimmern, im Sterben soll dein letztes Wort ein Scherz sein. Das hatte natürlich ganz andere Konsequenzen. Der Schatten dieser Kelten lag wahrscheinlich in der Feigheit und der Schwermut. Aber weil uns die Eltern unseren Egoismus ausgetrieben haben, enthält unser Schatten unsere Gier und Hinterlist, unser Verlangen, ohne echtes Verdienst berühmt oder als Spekulant reich zu werden. Hat man Sie auch dazu erzogen, nett zu sein?

Booth: Natürlich! Ich leide noch heute darunter.

Bly: Das Problem stellt sich am deutlichsten in den Männergruppen. Die Witwe Douglas wollte immer, daß Huckleberry Finn »nett« ist. Und nachdem er dann mit dem schwarzen Mann den Fluß hinuntergefahren ist, kommt er zu Tante Sally, und die will ihn adoptieren und »bilden«. Da sagt Huck: »Das halte ich nicht aus! Hier war ich schon einmal.«
Vielleicht kann ich Ihnen eine weitere Antwort auf die Frage »Wie komme ich meinem Schatten auf die Spur?« geben. Vor ein paar Tagen machte ich Kaffee für Ruth und mich. Ich gab eineinhalb Löffel gemahlenen Kaffee in ihren Filter und eineinhalb Löffel gemahlenen Kaffee in meinen Filter. Dann streckte etwas in

mir die Hand aus und tat noch einen halben Löffel in meinen Filter. Das war nicht *ich*, das habe nicht *ich* getan. Ich beobachtete nur, wie es ablief.

Booth: Ich hörte einmal, wie jemand von einer besonders sanften und friedlichen jungen Frau sagte, sie habe keinen Schatten. Gibt es das überhaupt?

Bly: Haben Sie schon einmal jemanden in der Sonne stehen und keinen Schatten werfen sehen?

Booth: Das müßte schon ein sehr dünner Mensch sein.

Bly: Schrecklich dünn. Oder vielleicht durchscheinend.

Booth: Aber »durchscheinend sein« kann doch nur heißen, entweder man hat keine Substanz, oder man hat nichts zu verbergen.

Bly: Alte Zen-Mönche haben angeblich so viel an ihrem Schatten gearbeitet, daß sie sich offen egoistisch verhalten und einem dabei ins Gesicht lachen können. Indem sie ihre Gier offen zeigen, in vollem Tageslicht, holen sie sie irgendwie aus der Welt des Schattens in die Welt des Spiels. Angeblich sollen solche Zen-Jünger nicht mehr träumen. Vielleicht träumen wir deshalb soviel, weil uns der Traum auf die riesigen Mengen Schatten aufmerksam machen will, die wir noch nicht in uns absorbiert haben. Ich kann mir vorstellen, daß ein alter Mensch, Anfang siebzig, durchscheinend wird. Aber diese Frau war noch nicht einmal dreißig Jahre alt?

Booth: Ja.

Bly: Dann kann ich mir das nicht vorstellen. Vielleicht meint sie sogar, daß sie nie träumt, aber wenn man ihre Augenbewegungen in der REM-Tiefschlafphase untersucht, wird man feststellen, daß sie doch träumt.

Booth: So ein Mensch ist sich also seines Schattens nicht bewußt, aber er ist trotzdem da.

Bly: Kann man denn mit achtundzwanzig Jahren schon alles ausgelebt haben? Unser Schatten ist doch eine ganze Landschaft. Ein Teil unseres Schattens verbirgt natürlich das

Sexuelle — sexuelle Gier, sexuelle Gewalt —, und das zeigt sich deutlich in der Pornographie.
In einem anderen Teil steckt ein Jäger oder ein Eremit, mit ursprünglichen Trieben, die nichts mit Sexualität zu tun haben, zum Beispiel dem Verlangen, im Wald zu leben, Tiere zu töten und sich ihr Blut ins Gesicht zu streichen, oder das Verlangen, das Leben dieser Welt zu verlassen und sich ganz der Religion zu widmen wie australische Aborigines. Wir haben ja gar keine Möglichkeit, all das auszuleben. Dann gibt es noch die weite Landschaft unserer Emotionen, wo Haß, Furcht, Wut und Eifersucht leben. Auch da besitzen wir von Geburt an mehr, als wir ausleben dürfen. Denken Sie daran, wie gereizt und verärgert man manchmal reagiert, wenn ein Angestellter einer Fluglinie einen Fehler macht. Mir geht es jedenfalls so. Deshalb sehe ich in der Landschaft unseres Schattens drei große Gebiete.
In *Psychology Today* las ich vor kurzem einen Artikel über Kinder in China. Er beschrieb, daß sie negative Emotionen nicht ausdrücken oder ausleben dürfen. Wenn ein Kind richtig wütend wird, legt die Mutter zwei Finger an die Wange und sagt: »Schäm dich!« Ähnlich

reagiert sie auf Egoismus oder Konkurrenzverhalten. Das Kind soll den Eltern gegenüber höflich sein, es soll den Geschwistern gegenüber kein Konkurrenzverhalten zeigen, und wenn es wütend wird, darf es das nicht ausdrücken. Jung sagt: Hat man den Schatten erst einmal richtig unterdrückt, findet man es sehr schwierig, mit anderen über seine eigenen Gefühle zu sprechen. Und die Psychologen im genannten Artikel berichten auch, daß in einer chinesischen Familie kaum je über Emotionen diskutiert wird. Das Kind spricht fast nie mit seinen Eltern über Gefühle, auch nicht mit seinen Geschwistern, allenfalls einmal mit seinen Cousinen oder Cousins. Glücklicherweise gibt es in chinesischen Großfamilien immer genug Cousins. Der Schatten dieser Chinesen liegt also überwiegend im dritten Bereich, dem Bereich der Emotionen, des Hasses, der Angst, der Wut und der Eifersucht.

Bei uns glauben die Kindergärtnerinnen, oder einige Kindergärtnerinnen, noch immer, es sei gut, wenn ein Kind seine Wut ausdrückt und seine Aggression abreagiert und sie damit »loswird«, wie man manchmal sagt. Bei uns leitet man Kinder geradezu an, ihre Wut loszuwerden. Damit soll ein Teil des Schattens sichtbar werden, ans Tageslicht kommen.

Booth: Also quasi als Gegenposition zum weiteren Anfüllen des Sacks.

Bly: Es ist zwar als Gegenposition gedacht, aber manchmal ist es doch ein problematisches Gegengift. Ich glaube zum Beispiel nicht, daß sich das freie Ausleben von sexuellen Begierden bei jungen Menschen positiv ausgewirkt hat. Es ergibt sich nämlich folgendes Problem: Wenn ein Kind eine gewaltige Wut im Kindergarten äußert und auslebt, baut sich gleichsam eine bestimmte Leitung oder Schaltung in seinem Gehirn auf, durch die das nächste Mal die Wut noch schneller abreagiert werden kann. Aber ein richtiger Wutanfall oder Jähzorn wird vom Ich, vom Zentrum des Bewußtseins, oft als Niederlage empfunden. Das Ich hat ja neben anderem auch die Aufgabe, uns zu sozialisieren. Wenn also ein Kind einen Wutanfall kriegt und ein Erwachsener darüber zornig wird, kann das Ich durch die nun folgende Reaktion des Erwachsenen Schaden nehmen. Wenn aber ein antiautoritär erzogenes Kind vierzig oder fünfzig Jahre alt wird und seine Wut noch immer à la Kindergarten abreagiert, dann fließt der emotionale Strom durch die gewohnten Leitungen im Gehirn. Bei so einem Wutanfall wird aber das Ich nicht mehr gestärkt, sondern gedemütigt.

Booth: Das Kind muß also lernen und erleben, sich frei auszudrücken, aber auch sein Ich zu stärken.

Bly: Man könnte sagen: Zwischen dem Ich und dem Schatten läuft ein Spiel ab. Wenn antiautoritäre Erzieher das Kind seine Wut frei ausleben lassen, geben sie sozusagen der Schattenmannschaft elf Bälle und der Strukturmannschaft keinen. Die permissive Erziehung hat nicht verstanden, daß das Spiel im Grunde sehr ernst ist. George Leonard sagt in seinem Buch *The End of Sex*, er sei in den sechziger Jahren zunächst von der neuen sexuellen Freiheit begeistert gewesen. Doch dann habe er gemerkt, daß sie auf die Dauer zu einer Erniedrigung des Ich führt, so daß die Psyche ihr Interesse an Sexualität und damit an Erotik verliert.
Jede Kultur kennt die Sehnsucht nach primitiven Formen des Auslebens als Gegenposition zur Unterdrückung. Aber wir können aus Kurtz' Erfahrungen in Joseph Conrads Roman *Heart of Darkness* (dt. *Das Herz der Finsternis*) lernen, daß in unserer Zivilisation die Sehn-

sucht nach dem Ursprünglichen für unsere Seele auch sehr gefährlich werden kann. Das Ich kann sich vielleicht gegen die primitiven Impulse nicht durchsetzen und geht in Massenbewegungen unter, löst sich darin auf wie Zucker in Wasser.

Booth: Mir fällt auf, daß die meisten Menschen, die über den »persönlichen Schatten« oder den »nationalen Schatten« sprechen, den Begriff nur mühsam neutral halten können. »Schatten« und »dunkle Seite des Ich« haben negative Konnotationen und häufig eine Verbindung zum Bösen.

Bly: Die Tendenz, die dunkle Seite unseres Wesens mit dem Bösen gleichzusetzen, wurde sehr aufschlußreich in verschiedenen Leserbriefen auf ein Interview über den Wilden Mann deutlich, das Keith Thompson und ich vor ein paar Jahren der Zeitschrift NEW AGE gaben. Vielleicht erinnern Sie sich, daß wir jene Szene aus dem Märchen *Eisenhans* der Gebrüder Grimm besprachen, in der die Männer einen Teich ausschöpfen und am Grund einen völlig mit Haaren bedeckten Mann finden. Als wir die Reaktionen der Männer und Frauen auswerteten, die uns schrieben oder mit uns sprachen, merkten wir, daß wir eine wichtige Unterscheidung versäumt hatten: die zwischen dem Wilden und dem Barbaren. Das wollen wir im nächsten Interview nachholen. Unsere Sprache definiert leider an einem Ende der Skala den gezähmten, gehorsamen Mann und am anderen Ende den Barbaren, der zum Beispiel eine Frau auf dem Billardtisch vergewaltigt. Wir haben in unserem Denken und Fühlen keinen Platz für den Wilden, der ja weder zahm noch barbarisch ist. Ein paar Leser verstanden das Bild des »Wilden Mannes« als Ermutigung, sich barbarisch aufzuführen, und konnten keinen Unterschied erkennen.

Als die FREE PRESS in Los Angeles das Interview abdruckte, erhielt sie einen Leserbrief von einer aus Deutschland stammenden Psychoanalytikerin, in dem es sinngemäß hieß: »Eines muß völlig klar sein: Dieses Wesen im Wasser ist ein *Mörder*!« Der Eisenhans des Märchens ist aber zartfühlend, sogar würdevoll. Sie legte wohl ihre Meinung der Vorgänge in Deutschland zugrunde und interpretierte sie in das Märchen hinein. Man könnte sagen: Auch in ihrem Wesen gab es keinen Lebensraum für den Wilden Mann; der Barbar hatte die Grenze zwischen den beiden Räumen durchbrochen und sich das Revier des Wilden Mannes angeeignet.

Wir können den Wilden Mann und den Barbaren an verschiedenen Eigenschaften unterscheiden: Der Wilde Mann ist spontan, besitzt eine weibliche Seite und positive männliche Sexualität, nichts darin impliziert Gewalt oder die Beherrschung von anderen Menschen. Irgendwie ähnelt das Wesen im Wasser mehr einem Zen-Mönch als einem sogenannten Primitiven, der in unserer Vorstellung nur Grunzlaute von sich geben würde. Das Bild des Wilden Mannes beschreibt einen Zustand der Seele, in dem Schattenmaterie langsam wieder nach oben steigt, ohne daß das Ich Schaden nimmt. Offenbar enthält das Märchen Erinnerungen an uralte Initiationsriten Nordeuropas. Die älteren Männer bringen den jüngeren bei, wie man mit Schattenmaterie umgeht, ohne daß sie das Ich oder die Persönlichkeit überwältigt. Und sie deuten diese Begegnung eher als Spiel, weniger als Kampf.

Wenn ein Mensch seinen Schatten verarbeitet hat, verliert er viel von seiner Dunkelheit und wird auf eine neue Art hell und spielerisch. Nicht absorbierte Schattenmaterie kann die Aura um einen Menschen total verdunkeln.

Pablo Casals ist ein Beispiel für den ersten Typ, Cotton Mather für den zweiten.

Booth: Daß Sie in diesem Kontext das Wort »hell« gebrauchen, verwirrt mich etwas. Sie sagen, daß ein Mensch, der seinen Schatten verarbeitet hat, hell und spielerisch wird. Andererseits haben Sie das Wort hell schon oft negativ gebraucht. 1971 haben Sie in einer Lesung über den Schatten gesagt, Bertrand Russell habe eine zu helle Persönlichkeit. Damals wünschten Sie sich Krähen als Politiker und nicht Tauben oder Schwalben.

Bly: Gut, dann ziehe ich das Wort hell zurück. Marie-Louise von Franz sagt irgendwo: Ein Mensch, der an seinem Schatten gearbeitet hat oder seinen Schatten absorbiert hat, macht einen dichteren Eindruck. Andere Menschen gestehen ihm in menschlichen oder moralischen Fragen Autorität zu. Wenn ein Lehrer an seinem eigenen Schatten gearbeitet hat, sagt sie weiter, dann spüren das die Schüler, selbst die jüngsten, und in der Klasse wird Disziplin herrschen, weil die Schüler wissen, daß er seine Krähe bei sich hat. Andere Lehrer, die sich nicht mit ihrem Schatten auseinandergesetzt haben, müssen den ganzen Tag Disziplin fordern und bekommen sie nicht. Mich überzeugt die Vorstellung, die Arbeit am Schatten führe zu einer unmittelbar wahrnehmbaren Verdichtung oder Verstärkung der Psyche, und das zu einer natürlichen, freiwillig respektierten Autorität.

Booth: Könnten Sie das von einem führenden Politiker sagen?

Bly: Ronald Reagan hat ganz gewiß seinen Schatten nicht verarbeitet. An ihm ist überhaupt nichts Verdichtetes. Wir wissen, daß er seinen Schatten weiterhin auf die Sowjetunion projiziert und sie als Reich des Bösen sieht. Er ist davon überzeugt, daß die verzweifelten Bauern in San Salvador allesamt Marionetten der Sowjets sind. Er stützt sich übrigens ausschließlich auf das Verlangen nach einer weisen Vaterfigur, das die Amerikaner auf ihn projizieren. Winston Churchill dagegen hatte seinen Schatten verarbeitet und besaß große natürliche Autorität. Es war auch etwas sehr Kindisches an ihm — dort befand sich sein Schatten —, aber dem hat er sich gestellt und hat den Schatten gegessen. Kennen Sie einen Politiker, der einen substantiellen Eindruck macht?

Booth: Ich muß die ganze Zeit an Lincoln denken. Er soll eine überragende moralische Autorität besessen haben, die auf seinem Mangel an Illusionen über sich selbst und über seine Sache beruhte. Er war nicht im geringsten scheinheilig.

Bly: Man gewinnt noch etwas hinzu, wenn man seinen Schatten verarbeitet, nämlich Humor. Und Lincoln hatte viel Humor. Einmal sollte er einem Bittsteller einen guten Posten in einem Ministerium verschaffen, da antwortete er: »Wissen Sie, ich habe nur sehr wenig Einfluß auf meine Regierung.« Ein anderes Mal saß er in einem Zug einer Frau gegenüber, die ihm nach einiger Zeit ins Gesicht sagte, er sei einer der häßlichsten Männer, die sie in ihrem ganzen Leben gesehen habe. »Und was soll ich machen?« fragte er. »Nun ja«, antwortete sie, »Sie könnten zum Beispiel zu Hause bleiben.« Lincoln erzählte diese Geschichte gern — ihm gefiel die Antwort.

Booth: Ich erinnere mich an eine Ihrer Lesungen in den späten sechziger Jahren. Damals waren Sie offenbar begeistert von der neuen Manifestation des Schattens in Amerika — von den langen Haaren, der Rockmusik, dem neuen Interesse an Kunst — in beachtlichen jungen Dichtern wie Gary Snyder und Galway Kinnell. Sie sagten damals: »Die ganze Bewegung ist wunderbar — wir nähern uns wieder unserem Schatten.« Stehen Sie heute noch zu dieser Aussage?

Bly: Hätten wir damals an einer echten Integration des Schattens ins Leben gearbeitet, so müßte sich ja wohl eine, wenn auch noch so geringe Veränderung in der amerikanischen Psyche feststellen lassen, ein Fortschritt im Umgang mit unserer dunklen Seite. Es ist aber eindeutig, daß ein solcher Prozeß nicht stattgefunden hat.
Man sagt ja, es gebe eine große Kluft in unserem Körper — manchmal Tausende von Meilen breit — zwischen dem Macht-Chakra in unserem Bauch und dem Herz-Chakra in unserer Brust. Ein paar sanfte Krishnamurti-Jünger fragten einmal Joseph Campbell in einer Diskussion nach den geistigen Samenkörnern, die in den zwanziger Jahren unseres Jahrhunderts Vivekananda und andere von Indien nach Kalifornien gebracht haben. Was davon aufgegangen sei, und ob inzwischen eine neue Stufe in der Weltkultur angebrochen sei? Campbell antwortete: »Da kann ich Ihnen leider keine

große Hoffnung machen. Ich glaube im Gegenteil, daß unsere Massenkultur sich nie über das Macht-Chakra erheben kann.« Das ist eine harte und kompromißlose Sicht der Dinge. Sie fällt aber zusammen mit dem Thema »Macht über andere Menschen«, die in den Gedichten der Nashville-Gruppe im Vordergrund steht. Wenn Campbell recht hat, wird die Kultur der Massen niemals die Verarbeitung des Schattens fördern. Ein Mensch, der den Schatten verarbeiten will, muß in das Herz-Chakra gelangen. Und da die sechziger Jahre von der Massenkultur beherrscht waren, hatte ich mit meiner Hoffnung, unsere Kultur als Ganzes könnte sich über die Ebene des Macht-Chakra hinausentwickeln, leider unrecht. Damit befand ich mich allerdings in bester Gesellschaft.

Man kann es aber auch anders sehen: Menschen unter fünfunddreißig Jahren können sich selbst und anderen nicht beibringen, wie man den Schatten ißt. Die im Märchen *Eisenhans* versteckten Initiationsrituale setzen voraus, daß ältere Männer die jüngeren anleiten, den Schatten zu essen. Diese Lehrmeister fehlten in den sechziger Jahren, und sie fehlen noch heute. Alte Männer wie Reagan ermutigen die Jungen sogar, ihren Schatten zu projizieren, anstatt ihn zu essen. Reagan empfiehlt uns eine Art freundlichen und gewinnsüchtigen Verfolgungswahn, und das macht mich nicht gerade optimistisch.

Lassen Sie uns noch einen Augenblick zu dem Spiel zurückkehren, das unser Ich mit dem ungelebten Schattenmaterial spielt. Baker Roshi sagte einmal in einem Vortrag, in unserer Kultur hätten wir normalerweise nur zwei Wege dafür: entweder Ausleben oder Unterdrücken. Entweder man unterdrückt seine Wut, oder man läßt sie raus. Man könnte zum Beispiel sagen, Richard Strauss unterdrücke bestimmte negative Gefühle und Punk Rock lebe oder drücke sie aus. Dabei ist das eine nicht besser als das andere. Dieses Strukturieren in Gegensätzen ist typisch für unser Denken, und es zerstört uns die Seele. Entweder wir besiegen den Kommunismus, oder er besiegt uns. Entweder der Mann beherrscht die Frau, oder er kapituliert bedingungslos. Joseph Campbell sieht darin die Hörner unseres Dilemmas — wenn wir an einem von beiden hängenbleiben, gehen wir zugrunde. Baker Roshi machte uns darauf aufmerksam, daß der Zen-Jünger eine dritte Möglichkeit anstrebt: In einer Meditation läßt man seine Wut in sich aufsteigen, so daß der ganze Körper vor Wut

nur so vibriert. Die Wut wird nicht unterdrückt, der Körper besteht nur noch aus Wut. Vielleicht will man die Wut drei oder vier Stunden lang fühlen. In dieser Zeit unterdrückt man die Wut nicht, lebt sie aber auch nicht aus. Und dann, wenn die Meditation beendet ist, hat man die freie Wahl, die Wut entweder auszuleben oder nicht. Das Ich oder die Persönlichkeit kann diese Wahl auch später treffen. Dann muß sich die Wut nicht in einer schrecklichen Szene entladen, wo man herumbrüllt und sich dabei bestimmte Spuren im Gehirn eingraben. Nein, die Wut kann sich in einer witzigen Bemerkung am Telefon äußern, die keine zwanzig Sekunden dauert und die der Gesprächspartner fünf Jahre lang nicht vergißt.
Die Persönlichkeit kann also eine angemessene Form für die Äußerung der Wut finden, die spielerisch wirkt, die Wut respektiert und dennoch die eigene seelische Struktur nicht stört.

Booth: Wie immer verlangen Sie also Weiterentwicklung, Reife, Wachstum. Sie sprechen nicht davon, sich in die Kindheit zurückzuversetzen und dann die Sachen aus dem Sack zu holen.

Bly: Eine Frau erzählte mir einmal eine rührende Geschichte über das Zurückversetzen. Sie war aus Kalifornien und nahm an einer Frauenkonferenz in Nordminnesota teil, und zwar zum ersten Mal. Zunächst, berichtete sie, waren wir alle etwas nervös und sagten in der ersten Veranstaltung nicht viel. Bei der zweiten Veranstaltung passierte schon mehr, und bei der dritten wurde ausgesprochen viel diskutiert. Bei der vierten Veranstaltung, am zweiten Tag, kam sehr viel verletztes Gefühl und Wut heraus — wer noch trockene Augen hatte, kümmerte sich um die Weinenden. In der fünften Veranstaltung kam noch mehr heraus, und wir waren alle sehr aufrichtig. Damals erschien uns das wie ein großer Sieg. Aber ein paar Tage später kam ich mir ausgehöhlt und besiegt vor, und es hatte sich im Grunde nichts geändert. Die Frauen hatten zwar sehr mutig Ärger und Wut, Demütigung und Eifersucht aus sich herausgelassen, aber, so schloß sie ihren Bericht, es genügt eben nicht, Schattenmaterial nur auszudrücken. Das sei mehr barbarisch als wild.

Ich möchte noch etwas zum Schatten sagen, was mich in letzter Zeit immer mehr beschäftigt: Die Vorstellung, man müsse den Schatten anerkennen und respektieren. Wenn wir unsere tierische oder sexuelle Seite nicht ausleben, dann respektieren wir sie nicht. Es ist behauptet worden, der größte Schaden, den das Christentum angerichtet habe, sei gewesen, daß die Menschen ihren Instinkten nicht mehr vertrauten. Aber wer hat uns beigebracht, auch unserer Wut zu mißtrauen? Wie können wir unseren Ärger respektieren und ihn doch nicht routinemäßig ausleben? Wenn wir nicht die passenden Kleider für unseren Ärger haben, muß er entweder zu Hause bleiben oder nackt und schreiend durch die Straßen laufen — und beides macht ihm keine Ehre.

Booth: Vielleicht könnten Sie uns noch mehr darüber verraten, wie man seine negativen Gefühle wie Zorn und Wut respektieren kann?

Bly: Da kommen mir drei Möglichkeiten in den Sinn. Zunächst einmal kann man zornig werden, wenn einem jemand etwas berichtet. Wenn uns jemand von einer erlittenen Kränkung erzählt, vielleicht sogar in einem neutralen Ton, dann werden wir möglicherweise zornig — eine Art mitfühlender Zorn. Man kann diesen Zorn festhalten und respektieren, man kann ihm instinktiv vertrauen und das vielleicht so ausdrücken: »Ich merke, wie ein

bestimmter Zorn in mir diese Geschichte anhört.«
Zweitens kann man den Zorn als Person betrachten und mit ihm reden. Man soll sich also nicht nur als Leitung für den Zorn fühlen und ihn auf jemand anderes ableiten, sondern sich ihm voll zuwenden und ihn offen fragen: Was willst du von mir? Was soll ich tun? Auch das bedeutet, den Zorn respektieren, wie wir jeden respektieren, dem wir ins Auge blicken.

Booth: Aber trifft das nicht auf alle Schattenmaterie zu?

Bly: Ich meine, ja. Wir können unsere Sexualität fragen: Was willst du von mir? Wir können genauso unsere Infantilität fragen: Was soll ich tun?
Der dritte Weg: Es ist möglich, den Kontakt mit unserem Ärger so locker zu halten, daß wir ein zwielichtiges Geschäft mit ihm machen, nicht ein eindeutiges. Wir verhalten uns zu unserem Ärger wie ein Mafia-Boß in New Jersey gegenüber einem kleinen Gauner. Da schleicht so ein Kerl ins Zimmer, und der Boß zahlt ihm fünfzig Dollar für einen gewissen Job. Und wenn der Kerl wiederkommt, kann sich der Boß überhaupt nicht daran erinnern, ihm je etwas

befohlen zu haben; noch schlimmer: Wenn jemand in den Knast kommt, dann ist es der Ganove, keinesfalls der Boß. Ich mache — wie wir alle, nehme ich an — immer wieder so undurchsichtige, zwielichtige Geschäftchen mit meinem Zorn, damit er bestimmte Dinge für mich tut. Wir wirken in Gesellschaft natürlich tadellos — antworten diszipliniert auf alle Fragen eines Interviewers, halten uns an William Booths Spielregeln —, und gleichzeitig tut unser Zorn den Menschen um uns ständig allerhand Böses an.
Ich habe erwähnt, daß wir Energie verlieren, wenn wir den Schattenkräften erlauben, unter der Oberfläche zu operieren. Aber wir sollten genauso wissen, daß dieser Energieverlust nicht die einzige Gefahr ist; die andere besteht darin, daß der Zorn allmählich zornig auf uns wird. Der Zorn wird böse auf uns, weil wir ihn nicht respektieren, weil wir ihn schäbig behandeln, weil wir ihn ausnutzen, ohne ihn herauszulassen und den Freunden vorzustellen: »Das ist mein Gehilfe Zorn, ein schäbig bezahlter Mitarbeiter.«

Booth: Ich versuche ihn immer außer Sicht zu halten, aber hin und wieder richtet er bei meinen Freunden Schaden an.

Bly: Die Frage ist aber doch auch, was er Ihnen selbst antut. Wann wird er Ihnen wirklich mal eins drübergeben?
So weit, so gut. Was bleibt denn jetzt noch über den Schatten zu sagen?

Booth: Wir haben noch wenig über die Beziehung zwischen dem Schatten und dem Bösen gesprochen. Es ist ja klar, daß der Schatten nicht mit dem Bösen gleichgesetzt werden darf — aber was für eine Rolle spielt denn nun das Böse dabei?

Bly: Versuchen wir einmal zu unterscheiden. Die Schattenenergien sind also Teil der menschlichen Psyche, ein Teil des 360-Grad-Wesens eines Menschen, und sie werden erst dann gefährlich, wenn man sie ignoriert. Sie gehören aber weiterhin zur Gemeinschaft der Menschen, sie sind ja ein Teil davon. Aber unsere Vorfahren, zumindest einige von ihnen, hatten den Eindruck, das Böse sei etwas ganz anderes. Es dringe von außen in die menschliche Gemeinschaft ein; es komme entweder aus einem Urprinzip, das noch im Universum lebt — so die Gnostiker —, oder von den Toten, die ja auch nicht mehr zur menschlichen Gemeinschaft gehören. Von diesem

Standpunkt aus kann man zwar das Böse anerkennen und mit ihm umgehen, aber man kann es nicht absorbieren.
Wir wissen: Die Vorstellung, wir könnten mit allen destruktiven Kräften auf gutem Fuß stehen, ist nicht ungefährlich, eher ein leichtfertiger humanistischer Optimismus. Vielleicht gibt es Kräfte im Universum, die der menschlichen Gemeinschaft fernstehen und ihr feindlich gesinnt sind. Das Thema unseres Gesprächs war aber in erster Linie der Schatten.

Booth: Dann kehren wir einfach zum Ausgangspunkt zurück: Der Schatten ist das Verborgene in uns, er ist in seinem innersten Wesen nicht böse. Ich erinnere mich an Ihr Gedicht *Der Mond*, das Sie vor ein paar Jahren geschrieben haben und das diese Deutung des Schattens betont.

Bly: Es lautet folgendermaßen:

Nun habe ich den ganzen Tag gedichtet,
und gehe auf den Fichtenhügel, will den Mond
  betrachten.
Tief in den Wäldern lehne ich mich an eine
  Fichte.

Der Mond hat seine Fassade dem Licht zugewandt,
aber die Tiefe seines Hauses liegt im Dunkeln.

TEIL 5

Wallace Stevens und Dr. Jekyll

Die Dichtung der amerikanischen Erde ist viele tausend Jahre alt, und ihr Rhythmus stammt noch heute aus den Schlangen, die in Ohio begraben liegen, und den Muschelschalen, die die Jakutier nach dem Mahl liegen ließen. Die Literatur der amerikanischen Nation ist aber erst zweihundert Jahre alt. Wieviel Dunkelheit ist aus der Erde in zwei Jahrhunderten in ihre Lyrik und Prosa aufgestiegen?

Man könnte die gesamte Dichtung, diejenige der Ureinwohner und der heutigen Völker, als Schöpfung der »dunklen Seite« ansehen, die damit aus der Erde aufsteigen und ans Licht des Bewußtseins treten möchte. Viele alte Religionen, besonders diejenigen matriarchalischer Kulturen, wollten offenbar die dunkle

Seite langsam und stetig in die Persönlichkeit integrieren. Dieser Vorgang begann früh im Leben und dauerte, zumindest in den Mysterienkulten, zwischen zwanzig und dreißig Jahre. Das Christentum dagegen sah es nach Meinung vieler Wissenschaftler als seine historische Aufgabe an, die »dunkle Persönlichkeit« und die »helle Persönlichkeit« zu polarisieren; die christliche Ethik zielt gewöhnlich darauf ab, die dunkle Seite zu unterdrücken. Im Lauf der Jahrhunderte sind die Folgen dieser Unterdrückung immer gravierender geworden, und schließlich ergab sich ein Zustand, in dem die Psyche sich spaltet und die beiden Seiten vollständig auseinanderfallen. Von Robert Louis Stevenson stammt *Die seltsame Geschichte von Dr. Jekyll und Mr. Hyde*. Der dominante Bereich der westlichen Persönlichkeit ist idealistisch, mitfühlend, kultiviert und ordentlich wie Dr. Jekyll, der vorbildlich für seine Patienten sorgt; die Schattenseite ist verwachsen, bewegt sich »wie ein Affe«, ist jünger als die herrschende Persönlichkeit, besitzt enorme Energiereserven und ist völlig amoralisch. Sie »fühlt« aus Jahrhunderten der Unterdrückung eine gewaltige Wut.

Wie kommt es zu dieser Trennung der beiden

Personen? Wir entscheiden offenbar in den ersten zwanzig oder fünfundzwanzig Jahren unseres Lebens, was wir in das Schatten-Ich abschieben wollen, und die nächsten vierzig benötigen wir, wieder in Kontakt mit diesem Material zu kommen. Was ein Mitglied einer bestimmten Kultur unterdrücken soll, kann sehr unterschiedlich sein. Bei uns enthält der Schatten im allgemeinen alles Instinktive. Was einen Schwanz und viele Haare hat, kommt in den Schatten. Menschen in weltlich-humanistischen und puritanischen Kulturen zwingen meistens den Sexualtrieb in jene Gestalt unter unseren Füßen, dazu die Furcht vor dem Tod, und so geht viel Ekstatisches verloren. Aber auch alte Impulse der Höhlenbewohner gehören nach unten, auch das Verlangen, die ganze Welt aufzufressen. Und wenn wir genug nach unten gedrückt haben, schaut der Rest auf der Erdoberfläche hübsch ordentlich und korrekt aus.

Joseph Conrad ist ein großer Meister der Schattenliteratur. Seine Erzählung *The Secret Sharer* (dt. *Das andere Ich*) beschreibt, wie man den Riß wieder schließen kann, der bei Stevenson offenblieb. Conrad ahnt, daß sich der Schatten manchmal dem Bewußtsein erst dann nähert, wenn man Verantwortung erhält

und annimmt, etwa die, Kapitän eines Schiffes zu werden. In *Heart of Darkness* (dt. *Das Herz der Dunkelheit*) zeigt er aber auch, wie dieser Versuch scheitern kann. Der Roman entwikkelt, wie ein Europäer nach der Kolonisierung Afrikas noch weniger mit seinen Schattenproblemen fertig wird als zuvor, denn jetzt besteht ein wirtschaftliches Interesse an der Unterdrückung des Schattens. Die Geschichte des Helden, Kurtz, will zeigen, daß für einen Weißen der Versuch, seinen Schatten zurückzuholen und zugleich den Schwarzen auszubeuten, die menschliche Kraft übersteigt.
Die Erschütterungen solcher Versuche sind in der amerikanischen Literatur der Nordstaaten und der Südstaaten gleichermaßen deutlich zu spüren. Mark Twain zeigt uns ähnliches in *Huckleberry Finn,* wenn auch strahlend fröhlich. Manchmal wird in den Vereinigten Staaten der »anständige Mensch« im Schatten versenkt, zusammen mit mancherlei anderem Material, und Huckleberry Finn stellt fest, daß sich der »anständige Mensch« erst dann wieder zu uns gesellen wird, wenn wir uns entschließen, Jim nicht zu verkaufen.
Der größte Teil unserer Literatur beschreibt Bemühungen des Schattens, an die Oberfläche zu kommen, und zwar fehlgeschlagene Bemü-

hungen. Kapitän Ahab in Melvilles *Moby Dick* (dt. *Moby Dick oder der weiße Wal*) scheitert; der Grund wird nicht recht deutlich; klar ist aber, daß er eine starke Beziehung zur »alten Ethik« hat, was sich in seiner alttestamentarischen Sprache zeigt. Auch Dimmesdales Schatten in Hawthornes Roman *The Scarlet Letter* (dt. *Der scharlachrote Buchstabe*) kann sich nicht befreien; offenbar läßt Dimmesdales geheime Angst vor der Frau den Schatten nicht aufsteigen. Wenn es um Literatur geht, spreche ich lieber von »Schatten« als vom »Bösen«, denn der Begriff »das Böse« definiert die Kraft immer außerhalb von uns, als Teil eines machtvollen Wesens, das nicht wir selbst sind. »Schatten« ist zwar auch nicht vollständig zutreffend, macht aber doch deutlich, daß seine Kräfte in uns selbst wohnen.

Alexandra David-Neel berichtet etwas sehr Beunruhigendes. Als sie zu Beginn unseres Jahrhunderts in Tibet bei Mönchen studierte, empfahlen sie ihr, eine klarere Vorstellung ihrer Lebensenergie oder Libido zu gewinnen. Sie solle versuchen, die Kraft aus sich hinaus zu befördern, um sie klarer sehen zu können, und zwar nicht in vorhandene Gegenstände, sondern in eine gedachte Form, die sie selbst visualisieren und die nur in ihrem Kopf existieren sollte. Sie wollte keine tibetanische Visualisierung wählen, um sie nicht als bloße Übertragung aus dem tibetanischen Unbewußten zu holen. Schließlich entschied sie sich für einen englischen Mönch aus dem Mittelalter. Nach ein paar Wochen der Visualisierung — neben mancherlei anderen Übungen — bemerkte sie eines Tages, daß ihr auf der Straße vor dem Kloster ein englischer Mönch in einem grauen Habit entgegenkam und an ihr vorüberging. Nach einigen Begegnungen dieser Art fing er an, sie zu grüßen, und sie konnte ihm in die Augen sehen. Sobald sie ihn aber »wegdachte«, war er verschwunden. Nach einiger Zeit wurde er immer selbstbewußter; sie hatte den Eindruck, er beziehe seine Kraft aus ihr, ohne daß sie das wollte, und gewinne ein eigenes Leben. Da wurde ihr doch etwas bange. Sie besprach sich mit ihrem Lehrer, und er empfahl ihr ein ausführliches Ritual, um den Mönch wieder loszuwerden. Diejenigen Leser, die bei *Moby Dick* vom »Bösen« sprechen, gehören zu den Menschen, die den Mönch für real halten.

Die zwischen 1875 und 1890 geborenen amerikanischen Dichter, vor allem Wallace Stevens, Robert Frost, T. S. Eliot, William Carlos Wil-

lia ne Moore, Ezra Pound und
Rc ers, sind alle Schattendichter.
Al r sie arbeiteten auch persönlich
in rem Schatten. Im 19. Jahrhundert
m sich solche Schattenarbeit vor
a oman, in unserem Jahrhundert
r Lyrik.
vens wird normalerweise nicht als
chattendichter angesehen, deshalb
ihn auswählen, damit er exempla-
lle anderen in dieser großartigen
hen kann.
interessant, Wallace Stevens' Her-
der von Kenneth Rexroth zu verglei-
einer Autobiographie beschreibt Rex-
seine Familie ihren Schatten aus-
e von Stevens hingegen, von großbür-
r deutscher Abstammung, scheint ihre
Seite erfolgreich unterdrückt zu haben.
iß nicht, wie der Schatten bei einer so
exen Persönlichkeit wie Wallace Ste-
zurückkommt, ich weiß nicht einmal
n, was das heißt, »der Schatten kehrt
ck«; deshalb kann ich nur darüber speku-
n. Doch scheint mir, daß die Schatten-
te bestimmte Kanäle benötigen, um
ückzukehren. Bei T. S. Eliot war schweres
d, zuerst in seiner Ehe und dann wegen der

Geisteskrankheit seiner Frau, ein Grund für das Aufsteigen seiner Schattenkräfte; bei Wallace Stevens dagegen fehlt alle Seelenqual. Bei Stevens steigt das Schattenmaterial in völliger Heiterkeit auf, verbunden mit einem Erwachen der Sinne, vor allem des Gehör- und Geruchssinns.

Unsere Sinne bilden ja eine natürliche Brücke zu unserer tierischen Vergangenheit, also auch zum Schatten. Im genauen Unterscheiden von Gerüchen, von Schattierungen von Hell und Dunkel, von Farben und von Lauten sind ursprüngliche Menschen überaus sensibel, denn davon kann Leben und Tod abhängen. Aber auch wir besitzen diese Sensibilität noch, wenn auch reduziert, örtlich betäubt, durch Sicherheit und viele Jahre in Schulstuben abgestumpft.

Als Wallace Stevens noch im Versicherungswesen tätig war, versuchte er auf Geschäftsreisen seinen Arbeitstag immer in den Städten Neuenglands ausklingen zu lassen, die ein Museum besitzen. Dort verbrachte er eine oder zwei Stunden und schaute sich Bilder an. Dies ist eine wirkungsvolle Methode, die Sinne wieder zu wecken, fast so gut wie ein Spaziergang. Beides regt die Sinne intensiver an als jegliche Lektüre.

Unter zwanzig Schneebergen
bewegt sich nur eines:
das Auge der Amsel.

In unserer Zivilisation, sagt man, bindet das Auge einen überproportionalen Anteil seelischer Energie; die anderen Sinne sind in dem Maße geschwächt, wie das Lesen die Betonung auf das Auge verlegt. Die ursprüngliche Harmonie zwischen den Sinnen ist gestört. Für Stevens ist auch das genaue Hinhören sehr wichtig:

Ich weiß nicht, was mir mehr gefällt:
die Schönheit der Modulationen
oder die Schönheit der Anklänge,
das Lied der Amsel
oder die Stille danach.
...
Den ganzen Nachmittag war es schon Abend.
Es schneite
und wollte weiterschneien.
Die Amsel sitzt
auf den Ästen der Zeder.

Dieses Gedicht belegt auch seine große Sensibilität für den Wechsel des Lichts, für das wachsende Dunkel, das mit dem Körper erspürt wird, noch vor dem Schneefall. Wallace Stevens achtet aber auch mehr als andere Menschen auf die Einheit von Farbe und Duft:

Die Nacht hat die Farbe
eines Frauenarms:
die Nacht ist weiblich,
dunkel,
duftend, schmiegt sich an,
verbirgt sich.
Ein Teich glänzt,
wie ein Armreif,
im Tanz geschüttelt.

Oder er bemüht sich, das Gesehene mit dem Tastsinn, dem Fühlen, zu verbinden:

Das Licht ist eine Spinne ...
Das Netz deiner Blicke hängt
an deinem Fleisch, deinen Knochen,
wie an Dachsparren oder Gras.
Die Fäden aus deinen Augen
liegen noch auf der Wasserfläche
und an den Kanten des Schnees.

Er bemüht sich, das Wetter genauer zu erspüren, seine Beziehung zu den Emotionen zu erahnen:

Die Leidenschaft des Regens, Schwermut des
fallenden Schnees,
Kummer der Einsamkeit, und unbändiger
Jubel,
wenn die Wälder blühen;
dann die Böen meiner Gefühle
auf der nassen Straße einer Herbstnacht.

Und wenn Stevens' Sinne durch schwere körperliche Arbeit geschärft sind, spürt er auch, wie er mit den Geschöpfen und Dingen um ihn her eins wird:

Ich bin, was um mich ist...
Frauen verstehen das.
Man ist nicht mehr Herzogin
hundert Meter von der Kutsche.

Seltsame, rätselhafte Dinge und Wesen erscheinen in diesen Gedichten, wenn er auf den Strahlen seiner Sinne entlanggleitet:

Er fuhr über Connecticut
in einer Glaskutsche.
Auf einmal packte ihn die Angst:
er hatte
den Schatten seiner Equipage
für Amseln gehalten.

Das ist ein typisches Schattenerlebnis, in dem Schattenmaterial in das Bewußtsein dringt. Wenn der Schatten für den Bruchteil einer Sekunde ins Bewußtsein steigt, bringt er oft eine Todesahnung mit sich. Seltsam, daß auch Ameisen diese Assoziation ins Bewußtsein holen können:

Ich messe mich
an einem hohen Baum.
Und finde: ich bin viel größer,
ich reiche hinauf bis zur Sonne
mit meinem Auge;
erreiche die ferne Küste
mit meinem Ohr.
Und doch stört mich,
wie die Ameisen krabbeln,
in meinen Schatten und wieder hinaus.

Der außerordentliche sinnliche Reichtum von Wallace Stevens' Sensibilität erscheint hier als zarte Aura um die Worte, wie ein Duft um jedes Metall, um jeden Baum.
Es ist nicht einfach, diese Lyrik adäquat zu übertragen, so daß die Schattenenergie leicht und elegant durch die verschiedenen Sinne wandert; ebenso wird ein Publikum, dessen Sprachgefühl durch vieles Zeitungs-

lesen vergröbert ist, die vielschichtige Aura um Stevens' Worte nicht wahrnehmen können.

In diesem Licht winden sich
salzige Fische im Meer wie Äste im Baum.
Führen in viele Richtungen,
auf und ab.

Die sinnlich wahrgenommenen Bilder überschneiden sich in diesen Zeilen. Ihre Sprache ist das genaue Gegenteil von »akademischer« Dichtung oder gar philosophisch-begrifflichem Formulieren. Stevens notiert einmal:

Es paßt ganz gut, daß die Gelehrten
so schwer nachdenken müssen,
gefesselt in ihre düsteren Talare.

Nachdem Bashô in seinem Garten die Tempelglocke gehört hat, notiert er:

Nun schweigt die Tempelglocke.
Doch ihr Ton klingt weiter —
aus den Blumen.

Bashô war ein Laienmönch des Zen-Buddhismus und bemühte sich als Meditationslehrer und Haiku-Dichter um die Erweckung der Sinne:

Das Meer wird dunkel.
Allein die Schreie wilder Enten
schäumen weiß.

Amerikanische Haiku-Dichter können nur schwer begreifen, daß erst einmal der Schatten aufsteigen und das Gedicht durchdringen muß, wenn ein Haiku entstehen soll. Daneben ist das Schema mit den siebzehn Silben und der Naturszenerie unwesentlich.
Steven's Idee des *Harmoniums*, das er sich vergeblich als Titel für seine *Gesammelten Gedichte* wünschte, zielt auf diese Einheit aller fünf Sinne, und dazu vielleicht der acht oder neun weiteren, die nur australische Jäger oder Bashô benennen können. Die Heiterkeit, die aus der Musik von Stevens' Versen spricht, belegt eine uralte Einheit aller Sinne.
Ich staunte nicht wenig, als ich vor kurzem feststellen mußte, daß er auf diesem Weg eine bedeutende Hilfe von einem Philosophen erhalten hatte — von William James. Normalerweise definieren wir ja Denken und Sinne als Gegensätze und meinen, daß wir zur Erweckung der Sinne zunächst das Denken

abstellen müßten. Als ich zum erstenmal im *Harmonium* las, stellte ich zu meiner Verblüffung fest, daß hier Gedanken durch Metaphern aus der Welt der Gerüche und der Klänge ausgedrückt werden und daß umgekehrt die sinnliche Intensität der Bilder durch den Denkvorgang gesteigert wird. Damals wußte ich noch nicht, daß das Denken in solchen Kategorien erstmals von William James angeregt worden war. Margaret Peterson belegt das in einem überzeugenden Aufsatz in der Stevens-Sondernummer der *Southern Review* vom Sommer 1971. Sie zeigt, daß eine Reihe der dunkelsten und lebendigsten Gedichte im *Harmonium* dichterische Umformungen bestimmter Abschnitte aus William James' Werken sind. Der Weg des Geistes ist doch wirklich unberechenbar!

James warnte seine Studenten, daß sich in Europa und Amerika eine nicht leicht zu definierende *Geisteshaltung* ausbreite — das Wort Denkschema erscheine ihm zu eng dafür —, die verhindere, daß die Menschen physische Einzelheiten wahrnehmen. Fingernägel werden nicht mehr wahrgenommen, Bäume werden zwar im Plural erwähnt, aber kein Baum im Singular geliebt, ebensowenig der Ort, an dem er steht, das bekannte Haar im Ohr eines

Pavians wird nicht mehr gesehen. Wir können zusehen, wie sich diese Geisteshaltung überall ausbreitet: In Seminararbeiten über englische Literatur zum Beispiel, die amerikanische Studenten heute über allgemeine Themen schreiben können, mit vielen Substantiven im Plural und mit Gefühlen, die man selbst alle gern hätte. Dieselbe Geisteshaltung zeigt sich aber auch in den Watergate-Tonbändern oder, mit etwas differenzierenden Abstrakta, in literarischen Dissertationen, wo jedes Element in einem Gedicht von Yeats zum Beispiel entweder ein Archetypus ist oder ein Motiv der Irischen Renaissance. Es handelt sich geradezu um eine neue *lingua franca*, so wie früher das Lateinische. Diese Geisteshaltung könnte beschrieben werden als die Fähigkeit, über Afrika zu sprechen, ohne das Haar im Ohr des Pavians wahrzunehmen, ja ohne je einen Pavian gesehen zu haben. Diese Geisteshaltung bezieht sich lieber auf »die afrikanische Tierwelt«. Und da die unendlich reichen Abstufungen der Farben zu den physischen Details — zum So-Sein — des Universums gehören, impliziert diese Geisteshaltung auch die Unfähigkeit, Farben wahrzunehmen. Der Intellekt solcher Menschen ähnelt nach Stevens' Vergleich einem weißen Nachthemd.

Bei dieser Einstellung besteht auch kein großer Unterschied mehr zwischen 3 und 742: Die genaue Anzahl von Dingen gehört zu den physisch-konkreten Details. Deshalb ist die Lieblingszahl solcher Menschen laut William James auch die Eins. Sie ist eine Zahl ohne physisch-konkrete Details. Als ich Margaret Petersons Aufsatz las, merkte ich zu meinem Erstaunen, daß das Gedicht *Metaphern* eines *Magnifico*, das ich bisher für eine übermütige Alberei gehalten hatte, in Wirklichkeit ein ernstgemeintes Wandlungsgedicht ist. Es beschreibt nämlich, wie man sich aus dieser Geisteshaltung befreien kann, wie man sich gegen ihren tödlichen Zugriff zur Wehr setzt. (Insofern sind kluge Dissertationen über das *Harmonium* besonders lustig.) Es beginnt:

Zwanzig Männer, die über eine Brücke gehen
und in ein Dorf,
sind zwanzig Männer, die über zwanzig Brük-
 ken gehen
in zwanzig Dörfer, oder:
Ein Mann geht über eine Brücke in ein Dorf.

Stevens wußte, daß er hier das traurige Lied aller Doktoranden und Politiker und Experten und Stadtplaner singt: »Jede Sache gleicht einer anderen.«

Es ist ein altes Lied,
das sich nicht erklären will ...

Aber dann sagt uns Stevens, was wir tun sollen. Wir sollen nicht mehr mit Ideen und Vorstellungen spielen. Wir sollen selbst hingehen, körperlich, mit allen Sinnen, zuerst dem Ohr, dann dem Auge, dann vielleicht mit dem Geruch. Lassen Sie sich von Ihrer Phantasie die Musik dieses Gedichts nahebringen:

Die Tritte der Männer donnern
über die Planken der Brücke.
Die erste Mauer des Dorfs erscheint
weiß durch Apfelbäume.
Woran dachte ich eben?
So entgleitet Bedeutung.

Die erste weiße Mauer des Dorfes ...
Die Apfelbäume ...

Wie seltsam! Es ist ein reinigendes Gedicht, wie ein Fegefeuer, es zeigt uns einen Weg, es ist ein Guru-Gedicht. Und zugleich ist es sehr schön.

William James diagnostizierte also jene bedrohliche Geisteshaltung und dachte sich in ihre Begleiterscheinungen hinein. Er bemerkte, daß sie den führenden Kreisen Bostons entsprach: Auch diese wandten sich von den schmutzigen Details ab — vom Haar im Ohr der Religion, von den Gerüchen irischer Immigranten — und zogen die Religion des Einen vor. Also wurden sie Unitarier.

Wenn sich »kultivierte« Menschen auf diese Geisteshaltung ausrichten, geschieht etwas Seltsames: Die obere (geistige) Hälfte des Lebens und die untere (sinnliche) Hälfte des Lebens trennen sich unmerklich. Die erste steigt langsam immer höher, die andere, ohne Verbindung mit der oberen, sinkt tiefer. Die Kluft wird immer breiter, bis die gebildeten Schichten nur noch das Eine und Reine besitzen und den Arbeitern die groben physischen Gegebenheiten des Lebens bleiben — Vaters alte Pfeife, aus der er den Speichel schüttelt, Mutters Waschzuber, im Gang der Schneematsch von Kinderschuhen, Hühneraugen, das ungewaschene Geschirr im Spülbecken und der unromantische Geschlechtsverkehr im ungeheizten Schlafzimmer.

Heute, im 20. Jahrhundert, sind die physischen Details nicht nur völlig von allem religiösen Sinn entblößt, sie beweisen dem Unbewußten geradezu, daß »Religion ein Nichts ist.« James betonte diese Konsequenz wiederholt, und Stevens quälte sich zeitlebens damit ab. Für die Arbeiter bleibt zuletzt nur noch eines: eine Super Luxus Ice Cream. Und da das Bürgertum zur Arbeiterklasse geworden ist, sind die meisten Menschen in Europa und Amerika heute schlechter dran als im Mittelalter.

James wies aber auch darauf hin, daß diese sogar in Indien verbreitete Geisteshaltung erklärt, warum bestimmte Vedanta-Philosophen so langweilig sind. Ein indischer Meditationslehrer, der mit Ananda Marga zusammenarbeitet, erzählt mir vor kurzem folgendes: Lange bevor er daran dachte, selbst zu meditieren, arbeitete er als Ingenieur in einer indischen Kompressor-Fabrik. Abends ging er häufig zur Veranstaltung eines heiligen Mannes, der sich gerade in der Stadt aufhielt. Nach dem Vortrag des Gurus stellte er in der Diskussion die Frage: »Was bedeutet Ihr Weg für die Armen in Indien?« Und meistens — ich meine sogar, er sagte *ausnahmslos,* manchmal zehnmal oder zwölfmal hintereinander — kamen zwei stämmige Burschen nach hinten und

geleiteten ihn hinaus. Stevens hätte das sofort verstanden. Für die meisten indischen Heiligen sind die Armen das Haar im Ohr Indiens. Sie wenden sich lieber dem Einen zu, und der/das hat keine Haare.
James betonte öfter einen dritten Bezug dieser Geisteshaltung: denjenigen zur Philosophie des deutschen Idealismus. In England ist dessen wichtigster Vertreter Francis Herbert Bradley, in Amerika Josiah Royce und die Anglo-Hegelianer: gräßliche Typen, Spezialisten für das Eine, Architekten des kleinbürgerlichen »mein Haus ist meine Burg« und der Schlösser der Wohlhabenden, die langweiligsten Gastredner bei den Stiftungsfesten von Universitäten, schauerlich jenseitige Typen, schlimmer als Papst Paul. Professoren wie Graukeramik, die einen Staat wie Tennessee im Nu zugrunderichten würden, wenn man sie losließe, Menschen ohne jede Möglichkeit, an einem Wohnort zu verwurzeln — die jahrelang in einem Tal leben können, ohne selbst Tal zu werden. Auch der spanische Lyriker Antonio Machado, im übrigen angesehener Philosoph, beschreibt sie:

Wohin ich gehe, sehe ich
Ausflüge in die Traurigkeit,

zornige, melancholische
Trinker mit schwarzen Schatten,

und Intellektuelle in legerer Kleidung,
die beobachten, nichts sagen, und schon
  glauben,
sie wüßten etwas, wenn sie keinen Wein trinken
in den einfachen Bars.
Böse sind sie, gehen herum und
verschmutzen die Erde.

An anderer Stelle notiert Machado:

Die Menschen haben vier Dinge,
die auf See nichts mehr nützen:
Steuer, Anker, Ruder,
und die Angst vor der Tiefe.

Betrachten wir solche Idealisten im Hinblick auf C. G. Jungs Überlegungen zum Schatten, so wäre ein Idealist zu definieren als jemand, der nicht untergehen, der nicht in die Tiefe gehen will. Der Idealist ist fest entschlossen, seinen Schatten bis zur Todesstunde unterdrückt zu halten. Idealisten sind Schattenhasser. Am Ende werden sie alle Dr. Jekylls, während ihre Mr. Hydes affenartig durch die Hinterhöfe der Stadt huschen. Da sie sich nur für die »Wahrheit« interessieren, verbannen sie ihren Schatten und halten ihn in der Verbannung. Und da sich Wallace Stevens gegen diese Geisteshaltung wendet, stellt er sich auch gegen alle perfekten Systeme, die das Paradies versprechen, gegen abstrakte Religionen, gegen das Denken in Statistiken, gegen leichtfertiges Transzendieren und leichtfertiges Ignorieren des Tragischen im Leben:

Im Unvollkommenen, da liegt das Paradies.
So halt an einem fest in deiner Bitternis: Entzücken liegt,
da ja das Unvollkommene so glüht in uns,
nur im unsicheren Wort, im widerspenstigen Klang.

Stevens verfiel nicht in Dimmesdales Fehler. Er nahm das Weibliche in sich an: Florida, den Mond, Convulvulus und Korallen, Gladeboats und Sombreros, Fußsohlen und Weinlaub, eine Hütte in Carolina und immer wieder Töne und Klänge.

Nur der Schatten begreift die Ekstase von Klängen. Daß wenigstens ein Teil des Schattens den Rückweg gefunden hat, wird in der fröhlichen und schlichten Musik von *Vincentine* spürbar, so energiesprühend wie Mozart, so eindringlich wie australische Trommeln:

Ja — du kamst, schrittest heran,
Vincentine,
ja — du kamst, sprachst zu mir.

Und was du fühltest, ich wußte es schon,
kam dann.
Und ich sah, wie monotone Erde
zu grenzenlosen Sphären aus dir wurde,
und jenes weiße, schlanke Tier
zu Vincentine,
zur himmlischen Vincentine,
und jenes weiße, schlanke Tier
zu himmlischer, himmlischer Vincentine.

Stevens lernte also, heimzukehren. Er verstand, daß das idealistisch-christlich-jüdische Beharren auf einer einzigen Wahrheit völlig ausreicht, den Schatten auf immer zu verbannen und den Menschen und seine zarten seelischen Vorgänge umzulenken oder stagnieren zu lassen.

So schrieb er das klare und tröstliche Gedicht *Auf dem Heimweg*:

Erst als ich sagte:
»Die Wahrheit? So was gibt es nicht!«
da rundeten sich die Trauben,
und der Fuchs kam aus der Höhle.

Und du ... du sagtest:
»Es gibt viele Wahrheiten,
aber sie sind nicht Teile einer Wahrheit.«
Da begann sich — nachts — der Baum zu verändern.

Ein Rauch durchs Grün, rauchend im Blau.
Wir waren zwei Wesen im Wald.
Wir sagten, wir stehen allein.

Das war, als ich sagte:
»Worte sind nicht Formen eines einzelnen Worts.
In der Summe der Teile bleiben doch nur Teile.
Die Welt will mit Augenmaß gemessen sein.«

Das war, als du sagtest:
»Die Idole haben viel Armut gesehen,
Schlangen und Gold und Läuse,
aber die Wahrheit noch nie.«

Damals war es, da war die Stille am weitesten
und längsten um uns, die Nacht am rundesten,
der Duft des Herbstes am wärmsten,
ganz nahe und stark.

Stevens schrieb sein Meisterwerk, das *Harmonium*, geleitet vom geheimen Wissen, das ihm die Werke von William James geschenkt hatten. Er befand sich auf dem richtigen Weg und wußte, daß es der richtige war — und doch endet hier seine Geschichte. Was mag wohl der Grund sein?

Manchmal warten wir auf das Ende einer Erzählung,
auf Happy-End und Hochzeitsfest,
und finden doch nur
ein paar schwarze Ringelblumen und Schweigen.

Interpreten von Gedichten akzeptieren in der Regel die Welt so, wie sie der Dichter erschaffen hat. Behauptet er, der Osten liege im Norden, sagen sie: Warum habe ich das nicht schon früher gemerkt? Entsprechend erkennen Literaturwissenschaftler und Kritiker meist eine konsequente Entwicklung in einem Werk, eine bewußt gewählte Richtung. Aber so ist es hier nicht. Stevens' späte Gedichte sind für die eines Genies überraschend schwach; noch schlimmer, die meisten von ihnen haben die Mentalität des weißen Nachthemds.
Einige dieser Gedichte sind gut, aber irgendwie kommt es zu keiner neuen Hochzeit in diesem Werk. Yeats' Lyrik holte im Lauf ihrer

Entwicklung immer mehr Konkretes, Physisches zu sich herein, der sinnliche Schatten stieg langsam auf, die Kräfte des Instinkts legten allmählich ihr bäurisches Wesen ab und erfüllten einen immer größeren Teil seines Bewußtseins.

Warum diese Entwicklung Stevens nicht beschieden war, kann ich nicht genau sagen, doch liegen die Gründe meines Erachtens in seiner Biographie.

Jakob Böhme stellt einem seiner Bücher eine Bemerkung voran, in der er den Leser bittet, innezuhalten: Er solle das Buch erst dann lesen, wenn er bereit sei, im Lauf der Lektüre sein Leben zu ändern. Sonst, so Böhme, sei das Buch schädlich für ihn, gefährlich geradezu.

Wallace Stevens' Beziehung zu seinem Schatten scheint einem Ablauf zu folgen, der seither bei vielen amerikanischen Künstlern immer häufiger festzustellen ist: Er bringt den Schatten zwar in seine Kunst, will aber sein Leben davon unberührt lassen. Europäische Künstler — ich möchte hier nur Yeats, Tolstoi, Gauguin, van Gogh und Rilke anführen — spüren offenbar deutlicher, daß der Schatten nicht nur künstlerisch verarbeitet, sondern auch gelebt werden muß.

Man könnte als Fazit ihrer Kunstauffassung

zusammenfassen: Wem es gelingt, einen so reichen und sinnlich lebendigen, so von Dunkelheit erfüllten Vers zu schreiben wie etwa:

... Wachteln
pfeifen, rufen spontan um uns...

der muß von Stund an sein Leben ändern. Dieses neue Leben ist nämlich die Konsequenz einer neuen Sprache.

Rilkes Werk schreitet zu immer tieferen Vereinigungen fort, er lebte sein Leben in wachsenden Ringen, war ständig bereit, sein Leben zu ändern, sobald seine Kunst das verlangte. Eines Tages betrachtete er einen archaischen Torso Apollos aus der ekstatisch-apollinischen Tradition und erkannte, daß die Form lebte, nicht nur im verlorenen Kopf, sondern an jeder Stelle der Brust und der Lenden, die zur Mitte abfallen, zur Zeugung, wie Rilke sagt. Und er schließt: »Denn da ist keine Stelle, die dich nicht sieht, — du mußt dein Leben ändern.«

Ich erinnere mich, wie sich ein Professor meines College über folgende Tagebuchnotiz des jungen Yeats lustig machte: Er habe den Eindruck, sein Rhythmus sei müde geworden, vielleicht solle er die nächste Zeit auf blanken

Brettern schlafen. Das meint nichts anderes, als Rilke in seinem Gedicht.

Wallace Stevens dagegen wollte sein Leben nicht ändern, trotz aller empfangenen Gaben und all der guten Ratschläge, die er in seinen eigenen Gedichten finden konnte. Er hielt sein Haus peinlich sauber, schlief offenbar dreißig oder vierzig Jahre allein in seinem Schlafzimmer, verdiente sein Brot mit der Geisteshaltung der Statistik und hielt sein geschäftliches und künstlerisches Leben sorgfältig getrennt — und das bedeutet nur: Er hielt sein dominantes Ich und sein Schatten-Ich im täglichen Leben streng getrennt. Dabei ging er erstaunlich weit: Lud er zum Beispiel einen befreundeten Autor in seinen Club zum Essen ein, so trat er dort ausschließlich als Geschäftsmann auf und bat seinen Gast, von jedem künstlerisch-exzentrischen Verhalten abzusehen.

Als Mussolini 1935 Äthiopien überfiel, war Stevens sechsundfünfzig Jahre alt; damals schrieb er in einem Brief an Ronald Latimer folgendes: »Die Italiener haben genau soviel Recht, den Niggern Äthiopien abzunehmen, wie früher die Nigger, es den Boa constrictors abzunehmen.« Dieser Satz ist teilweise scherzhaft gemeint und stellt kein Verbrechen dar, nicht einmal einen anhaltenden Makel. Andererseits ist er doch so ernst, daß sich ihm jeder Bewunderer von Stevens' Dichtung früher oder später stellen muß. Er scheint anzudeuten, daß Stevens seinen Schatten nicht intensiv genug ausgelebt hatte. Er hatte also die Schattenkräfte in das *Harmonium* eingebracht — sobald sie aber den Gleichlauf seines Lebens zu stören drohten, schloß er sie aus.

Mir ist durchaus klar, daß ich gegen zentrale methodische Regeln des bis heute weitgehend gültigen New Criticism verstoße, wenn ich eine Reihe von Stevens' Gedichten aus seiner Biographie interpretiere. Andererseits dürfte inzwischen klargeworden sein, daß diese wissenschaftliche Beschränkung auf das Werk als isolierten Text nur ein weiteres Beispiel einer ablehnenden, ja haßerfüllten Beziehung zum Schatten ist. Sie beruht letztlich auf einem idealistischen Ansatz. Man ignorierte die Warnungen von William James und Wallace Stevens bezüglich der genannten Geisteshaltung; in den vierziger Jahren setzte sich die idealistische Position in der Literaturauffassung durch, und das bekamen wir jungen Autoren der vierziger und fünfziger Jahre deutlich zu spüren. Als Ausgangspunkt von Literaturwissenschaftlern wie Kritikern galt damals: Das Leben des Autors hat mit seiner Dichtung nicht das geringste zu tun. T. S. Eliots Beitrag zu dieser Entwicklung war bedeutend; ich habe allerdings selbst erlebt, wie er sich etwa 1957 in einem Hockey-Stadion in St. Paul beklagte, vor kurzem sei eines seiner Gedichte in einer Anthologie von acht langen Gedichten erschienen, ohne daß ein Wort über die Autoren gesagt wurde: weder über ihre Nationalität noch über das Jahrhundert, in dem sie lebten. »Außer mir lebte keiner mehr, und als ich das Buch aufschlug, kam ich mir selbst fast tot vor.« Die Haltung des Herausgebers dieser Anthologie entspricht exakt der genannten Mentalität des weißen Nachthemds. Auf jeden Fall hatte diese idealistische Position um 1950 ihren festen Platz in Literaturwissenschaft und Kritik eingenommen, und keiner von uns jungen Dichtern erhielt Hilfe, wenn es darum ging, unseren persönlichen oder den nationalen Schatten in unsere Gedichte hereinzuholen.

Was Wallace Stevens seinen Gästen im Club riet — man möge nicht zuviel oder hemmungslos über Dichtung sprechen —, stellt in mancherlei Hinsicht einen Gegenpol zu Tolstoi dar. Als der Russe in hohem Alter seine Leibeigenen freilassen wollte, mußte er zu seiner Verblüffung feststellen, daß seine Frau und zwei seiner Töchter keinesfalls damit einverstanden waren, sondern die Leibeigenen als ihr Eigentum und ihre Mitgift betrachteten — und damit punktum. Er verließ das Haus in einem Schneesturm mit Alexandra, seiner jüngsten Tochter, und starb kurz darauf in einem Bahnhof. Er war also noch in hohem Alter bereit gewesen, sein Leben zu ändern. Andererseits ist diese Geschichte insofern kein besonders gutes Beispiel, als sie die Vorstellung nahelegt, »das Leben ändern« bedeute immer etwas Sensationelles, eine Katastrophe oder einen totalen Umsturz: Frau und Kinder (oder Mann und Kinder) zu verlassen und die Tür à la Ibsen hinter sich zuzuschlagen. Mir scheint eher das Gegenteil der Fall. Solche dramatischen Änderungen — Scheidungen, die Kinder im Stich lassen, Verantwortung abschütteln — erscheinen zwar manchmal als Versuch, den Schatten zurückzugewinnen, gelingen aber in den seltensten Fällen. Wenn sich jemand scheiden läßt, führt er (oder sie) in der Regel das gleiche Leben fort, nur mit einem anderen Partner. Die Wortgewitter der Bekenntnislyrik, die Dichter und Leser in den letzten Jahren über sich ergehen lassen mußten, brachten den Autor in der Regel nicht im geringsten weiter. Nach der Niederschrift des

Bekenntnisbuches ist der Schatten noch immer meilenweit vom Autor entfernt. Die Lebensgeschichten von Silvia Plath, Anne Sexton und John Berryman zeigen eindeutig, daß in Wirklichkeit nichts geschehen ist und daß die Todesenergie weiterhin darauf lauert, sich auf die zerfallende Persönlichkeit zu stürzen.

Nein, Rilke meint mit seinem »du mußt dein Leben ändern« etwas viel Differenzierteres. Da ich es auch nicht vollständig verstehe, kann ich nur darüber spekulieren. Joseph Conrad zog jedenfalls Konsequenzen aus der Erkenntnis, die ihm sein Schatten schenkte: Er kündigte seine Stellung als Flußkapitän auf dem Kongo und damit als kleiner Ausbeuter des schwarzen Kontinents. Als Rilke erkannte, was ihm seine Kunst sagen wollte, legte er bis auf weiteres die Feder aus der Hand, betrachtete monatelang Tiere im Zoo, Blinde auf der Straße, und lebte jahrelang allein. Er verlangte immer weniger von der Welt, nicht mehr. Ein Taoist würde es wohl so ausdrücken: Sein Leben ändern, bedeute, auf jede Einwirkung auf die Welt zu verzichten, das Ziel heiße *wu-wei*: keine Rolle spielen. Man kann *wu-wei* auch mit »Nichts-Tun« übersetzen. Wang Wei sagte einmal:

In alten Zeiten war ein ernsthafter Mann unbedeutend. Er dachte: Entscheidungen treffen ist mir zu schwierig. Kleine Aufgaben aber nahm er wahr, so wie sie kamen. Im Grunde tat er gar nichts, wie die Nußbäume hier.

Darauf antwortete sein Freund P'ei Ti:

Schon bald war das Nichts-Tun meine größte Freude.
Du siehst: Hier bin ich und halte mein altes Versprechen! Wir wollen heute nur um die Nußbäume wandeln und gemeinsam Tschuang-Tsus geliebte Ekstasen erfahren.

Eine »Wirkung auf die Welt« hat man vor allem über Institutionen, über seine Firma oder seine Universität. Wir könnten also sagen, daß ein Mann in der zweiten Lebenshälfte seine Bindung an die Institutionen lockern sollte.
Für Frauen stellt sich das Problem etwas komplizierter dar, ich bin nicht sicher, ob ich es ganz verstehe. Vielleicht impliziert die neue Lebensphase für eine Frau, mehr Verantwortung zu übernehmen und aktiver auf die Welt einzuwirken.
Bei uns in Amerika ist jedenfalls diese Locke-

rung der Bindungen an die Institutionen nicht der Normalfall. Hier wurzelt sich ein Mann in seinen vierziger und fünfziger Jahren meist noch tiefer als bisher bei seinen Institutionen fest.

John Barth ist ein lebendes Beispiel für jene amerikanischen Künstler, die den Schatten in ihre Kunst hereinholen möchten, ihn aber nicht ausleben wollen. Sein Werk folgt dem gleichen Weg wie das von Wallace Stevens: Es ist ein Aufstieg in den leeren Raum, in die intellektuelle Komplexität, es ist eine Kritik am rationalen Verstand aus dem Elfenbeinturm des rationalen Verstandes heraus.

Wenn die Samen des Schattens auf steinigen Boden fallen, zieht er sich offenbar in die Erde zurück. Er gibt dem Menschen, auch dem Künstler, zehn oder fünfzehn Jahre Zeit, sein Leben als Folge der ergreifenden Einsichten zu ändern, die er ihm schenkt.

Vielleicht ist diese Änderung nur eine neue innere Verbindung des Männlichen mit dem Weiblichen in jedem Menschen; bleibt sie aber aus, versinkt der Schatten langsam in der Tiefe und verläßt den Menschen. Dann wird dessen letzte Lebensphase noch ärmer als die früheren. Rilke schildert diesen Rückzug des Schattens:

Jetzt reifen schon die roten Berberitzen,
alternde Astern atmen schwach im Beet.

Wer jetzt nicht reich ist, da der Sommer geht,
wird immer warten und sich nie besitzen.

Wer jetzt nicht seine Augen schließen kann,
gewiß, daß eine Fülle von Gesichten
in ihm nur wartet bis die Nacht begann,
um sich in seinem Dunkel aufzurichten: —
der ist vergangen wie ein alter Mann.

Dem kommt nichts mehr, dem stößt kein Tag
mehr zu,
und alles lügt ihn an, was ihm geschieht;
auch du, mein Gott. Und wie ein Stein bist du,
welcher ihn täglich in die Tiefe zieht.